2016年度湖北省高等学校省级教学研究
(大学生体育学习评价体系的重构与评价技术

XIETONG XIAOYING

网球初学者
类比学习与外显学习的协同效应

于志华〇著

世界图书出版公司

广州·北京·上海·西安

图书在版编目（CIP）数据

网球初学者类比学习与外显学习的协同效应 / 于志华著 .
—广州 : 世界图书出版广东有限公司，2025.1重印
ISBN 978-7-5192-2815-6

Ⅰ . ①网… Ⅱ . ①于… Ⅲ . ①网球运动—研究
Ⅳ . ① G845

中国版本图书馆 CIP 数据核字（2017）第 091405 号

书　　名	网球初学者类比学习与外显学习的协同效应
	WANGQIU CHUXUEZHE LEIBI XUEXI YU WAIXIAN XUEXI DE XIETONG XIAOYING
著　　者	于志华
责任编辑	冯彦庄
装帧设计	楚芊沅
出版发行	世界图书出版广东有限公司
地　　址	广州市海珠区新港西路大江冲 25 号
邮　　编	510300
电　　话	（020）84459702
网　　址	http://www.gdst.com.cn/
邮　　箱	wpc_gdst@163.com
经　　销	新华书店
印　　刷	悦读天下（山东）印务有限公司
开　　本	787mm×1092mm　1/16
印　　张	12.875
字　　数	188 千字
版　　次	2017 年 4 月第 1 版　　2025 年 1 月第 2 次印刷
国际书号	ISBN 978-7-5192-2815-6
定　　价	58.00 元

本研究以认知心理学中内隐学习与外显学习的协同效应理论为基础，以网球初学者为受试，采用实验法，在验证了类比学习与外显学习的协同效应后，探讨了类比学习与外显学习的不同组合方式对不同性质、不同难度网球技能学习的影响，以及不同组合方式对不同年龄初学者网球技能学习的影响。

本研究共进行了四个实验。实验一探讨了类比学习、外显学习、类比与外显学习相结合的学习方式对网球技能学习的影响，结果显示，在初学者网球技能的学习中存在类比学习与外显学习的协同效应；在保持测试和迁移测试中，结合组学习者的击球准确性、动作评分好于单一外显组和类比组；在知晓的动作知识的评价中，结合组学习者习得的动作知识数量多于外显组和类比组，外显组多于类比组。

在实验一的基础上，本研究随后采用先外显后类比、先类比后外显、类比与外显同时进行的组合方式，通过三个实验分别探讨不同组合方式对不同任务性质、不同任务难度以及不同年龄初学者网球技能学习的影响。

实验二的结果显示：（1）在闭锁性技能任务中，类比与外显学习同时进行的组合方式获得的击球准确性、动作评分和动作知识的掌握程度好于外显–类比组和类比–外显组。（2）在开放性技能任务中，先类比后外显的组合方式获得的击球准确性、动作评分和动作知识的掌握程度好于同时进行组和外显－类比组。

实验三的结果显示：（1）高难度任务中，类比－外显组的击球准确性和动作评分比其他两组更好；低难度任务中，类比与外显学习同时进行组的击球准确性和动作评分比其他两组更好。（2）高难度任务中，类比－外显组学习者掌握的动作知识数量多于另外两组；低难度任务中，同时进行组学习者掌握的动作知识数量多于另外两组。

实验四的结果显示：（1）大学生初学者学习闭锁性双手反手击球技能时，类比与外显学习同时进行的组合方式获得的击球准确性、动作评分和动作知识的掌握程度好于外显－类比组和类比－外显组。（2）初中生初学者学习闭锁性双手反手击球技能时，先类比后外显的组合方式获得的击球准确性、动作评分和动作知识的掌握程度好于同时进行组和外显－类比组。

本研究的主要结论是：（1）对于初学者而言，类比学习与外显学习相结合的学习方式比单一的外显学习和单一的类比学习效果好。（2）对于初学者而言，类比学习与外显学习的最佳组合方式受任务性质、任务难度以及学习者年龄等因素的影响，应根据不同学习情境、学习者的不同情况选用不同的组合方式以获得更好的学习效果。

关键词：内隐学习；外显学习；类比学习；协同效应；网球；运动技能

目 录

一、引言

人类的生存与发展离不开运动技能的学习（motor learning），内隐学习（implicit learning）和外显学习（explicit learning）是两种基本的运动技能学习方式。在实际学习情景中，单一的内隐学习或单一的外显学习比较少见，两者的结合表现出优于单一的内隐学习或外显学习的绩效，这被称为内隐学习与外显学习的协同效应（Synergistic Effect）。研究内隐学习与外显学习的协同效应时，首先应当确定内隐与外显训练阶段结合的最佳顺序。这方面的研究主要集中在人工语法学习领域，采用匹配-编辑研究范式，即匹配-编辑、编辑-匹配和匹配与编辑的混合，分别相当于内隐-外显、外显-内隐、内隐与外显的混合，在实现内隐学习与外显学习暂时性分离的前提下，对两种学习方式进行不同形式的组合。已有研究表明，在不同的材料难度、材料性质、个体差异情况下，内隐学习与外显学习的最佳组合方式不同。这验证了班杜拉（Albert Bandura）的三元交互作用理论（triadic theory of learning），即学习受任务、环境和个体三因素的综合影响。实验室研究取得的这一系列基础理论成果，也为运动技能学习领域的研究提供了新的切入点。由于内隐学习的一系列经典研究范式较难应用于运动实践情景，近年来，国外出现了无错学习（errorless learning）、外在注意焦点（external focus of attention）和类比学习（analogy learning）等内隐学习的新方法，探讨内隐学习在实践情景中的应用及其效果。研究表明，类比学习是一种喜闻乐见、行之有效的内隐学习方法，具有抗应激性和抗干扰性，在复杂决策任务中具有优势效应。研究者进一步发现，类比学习是一种自动加工，它独立于工作记忆的语音环路和视空间画板，较少依赖中央执行系统，对工作记忆资源的占用相对较少，而外显学习占用中央执行系统。

通过对以往研究的分析发现，实验室研究应用计算机模拟，更好地揭示了内隐/外显加工交互作用的机制，为认知科学的理论探索和实证研究提供了新的方法和角度，对我们理解、设计、预测训练和学习过程、理解技能学习中的个体差异大有助益，为内隐、外显学习的整合理论以及类比与外显的协同学习在运动技能实践领域的研究奠定了坚实的理论基础。但已有的实践研究多局限于分离性研究，对类比与外显协同学习的关注极少。

  网球是一项深受人们喜爱的体育活动，在体育教学、运动训练和全民健身的指导中，体育教师、运动教练和全民健身指导员经常采用形象的类比帮助初学者掌握网球技能，但网球技能学习中类比与外显协同学习的研究至今未见报道。基于此，本研究拟探讨四个方面的研究内容：首先验证网球技能学习中类比学习与外显学习的协同效应；在此基础上，进一步探讨不同任务性质、不同任务难度以及不同年龄初学者在学习网球技能时类比学习与外显学习的最佳组合方式。研究结果旨在为提高体育教学、运动训练以及全民健身指导的效率提供理论支撑，为内隐与外显的协同学习理论在运动技能学习中的实践性操作提供建设性的指导意见，进一步丰富国内外运动技能内隐学习领域的研究成果。

二、内隐学习与外显学习文献综述

2.1 内隐认知

内隐学习和外显学习是人类学习的两种基本方式，内隐学习与内隐记忆和内隐思维等同属内隐认知范畴。内隐记忆是指在不需要意识或有意回忆的情况下，个体的经验自动对当前任务产生影响而表现出来的记忆，其特点是：人们并没有觉察到自己拥有这种记忆，也没有下意识地提取这种记忆，但它却在特定任务的操作中表现出来[1]。内隐学习是指无意识地获得关于刺激情境复杂知识的过程，是一种产生抽象知识，平行于外显学习方式的无意识加工[2]。在学习材料内在结构与底层规则的掌握上，内隐学习有着外显学习不可替代的优势。有实验研究证实，底层规则的顺利迁移过程无需任何有意识的控制加工来完成。而内隐思维是指缺少注意的思维，即个体思考时，不是指向思考的内容，而是指向其他无关事物[3]。随着对内隐认知的深入研究，人们对内隐认知的特性有了初步的认识。

2.1.1 内隐认知的工作机理

内隐认知与外显认知在信息资源的来源上表现为互相提供和利用。从加工信息来源来看，外显认知信息来源有两个：一是主体对客体主动进行认知活动时所编码储存的意识阈上信息；二是内隐认知过程中经过自由组合、整合等内隐加工后进入外显认知中的那些信息（也称为内隐认知的显现化），如直觉、顿悟、灵感等。内隐认知信息来源有三个：一是伴随外显认知活动而被内隐认知编码并储存入头脑的那些信息（主要是意识阈下信息）；二是曾经被外显认知加工过的信息，而后进入内隐认知的那些信息；三是内隐认知信息经过自由组合、整合等内隐加工后所建构的那些因缺乏必要的刺激条件而暂时储存在内隐认知系统的信息。显然，从内隐认知信息来源的第二条途径和从外显认知信息来源的第二条途径可以得出结论，外显认知与内隐认知可以互相提供信息来源[4]，资源的提供过程表明了内隐认知和外显认知之间信息资源的相互利用过程。

当然，内隐认知与外显认知都是大脑的机能，二者并存于大脑中，都以大脑作为其生理机制[5]。研究证实，内隐认知与外显认知在空间维度上涉及大脑多区域的协调参与，神经元的同步激活很可能是信息得以分析加工的一种重要机制。同时，内隐认知与外显认知都是对客观现实的反映，这既可以是自身以外的客观事物，也可以是客体自身的情况，包括自身的心理活动。另外，二者都是在人类的实践活动中发生发展起来的，实践对它们起着重要的作用。正是实践，使得内隐认知的内容进入外显认知，外显认知的内容内化为内隐认知。我国学者李西林、霍涌泉认为，内隐认知与外显认知可能是一种伴随关系，在问题解决中它们是不断发生作用的。在这个过程中，内隐认知机制试图解决有意识提出的问题，把答案又返回意识；反过来这些答案又可能成为另一个无意识问题解决过程提供意识的传入，从而形成一个巨大的容量。意识的内容激发了大量的无意识过程，又反过来在无意识的框架内成型。意识与无意识之间的这种相互依存性特征呈现出"随机通达性"的功能。意识无法离开无意识而单独存在，反之，无意识也不能脱离意识而独立存在[6]。

总之，内隐认知与外显认知的工作机理表现为信息资源的相互提供与利用，加工功能的"随机通达性"，两者的相互作用形成了人类强大的整体的认知功能。

2.1.2 内隐认知在认知中的功能

外显认知是正常人类个体所独有的功能，其在心理发展中起着重要的作用早已得到人们的认可。但外显认知只是人类认知的一个方面，内隐认知是人类认知功能体系中不可或缺的一个重要组成部分，它在保障个体的生存与发展中具有不可替代的重要作用[7]。无论从人类进化还是从个体心理发生的角度看，复杂的无意识知觉和内隐认知机能的出现都大大早于意识。

2.1.2.1 对人类演变发展的功能

内隐认知的存在不仅有利于内隐经验的获得，更有利于人类进行自动地趋利避害。内隐认知在人类认知的发展轴上比外显认知更靠左，同动物一样在生存发展中内隐认知起着重要作用。内隐认知在进化中的作用之一就是允许生物体从环境中自动收集信息，然后运用已经得到的知识来指导其在新异环境中的行为。更重要的是，当人类在生存与发展过程中因某些脑部位损伤而造成外显认知机能损伤时，内隐认知却并不受到牵连，对人类的认知与发展继续发挥着功能。

2.1.2.2 在人类个体发展中的功能

在外显认知还未发展成熟之前，内隐认知就能帮助个体发挥着作用。比如，儿童自己在玩耍中学习游戏或玩具，比给他（她）讲规则要领学习要快，就是这个原理。甚至某种意义上，内隐认知比外显认知功能更强大，它不受或很少受个体情绪状态的影响，内隐获得的知识能比外显知识保持更长的时间，具有较强的耐久性。内隐认知具有的稳定性，是人类认知系统中基础性很强的部分，对个体生存与发展具有更为稳定的保障作用。

2.1.2.3 认知中的相互补偿功能

从加工信息的精度看，外显加工的精确性对内隐加工的模糊性是有益的补充。相反，由于外显加工存在着容易受到阻碍、容易疲劳，这样内隐加工的高效性、持久性对外显加工的低效性也是一种有效的工作机制补偿。

我国心理学家杨治良教授及其同事提出的"钢筋水泥"模型很好地说明了内隐认知与外显认知的功能关系。人的认知系统中存在外显认知和内隐认知两个子系统，两个子系统间会产生协同作用，使系统形成具有一定功能的结构，并表现出相互独立、相互作用、互为主次、互相依存的特征。外显认知和内隐认知共生共存，在心理活动的不同层面有着不同的关系形式。人的整个内心世界就是以内隐认知为"钢筋"，以外显认知为"水泥"构筑起来的相互联系的大厦。仅有钢筋或仅有水泥都构不成框架，只有当外显认知和内隐认知有机结合起来，才能构建一座建筑物的基本框架。因此，内隐认知与外显认知事实上又表现为"互为主次"的功能性特点[8][9]。

2.1.3 内隐认知在运动学习中的体现与应用

内隐认知在对运动员进行潜移默化的教育、技术动作的评价、创造力的培养等方面具有重要的作用[10]。

2.1.3.1 有利于对运动员进行潜移默化的教育

当前，针对提高运动员的思想素质问题，除加强对运动员的外显的有意识教育外，还应重视对运动员进行长期的内隐认知教育。只有将外显教育和内隐认知教育有机结合起来，用无意识教育的独特优势弥补有意识教育的不足，才能增强思想政治教育在实践中的实际效果。罗海英认为，与理论说教形式为主的外显教育不同，内隐认知教育是一种含而不露的不知不觉的教育，它是通过间接的方法来阐述道理的教育方式，它可以有效地避免像有意识教育那样直截了当地讲道理、指方向，避免激起运动员的抵触情绪，最终使运动员在无形中受到教育，真正达到"润物细无声"的目的[11]。如通过组织运动员观看升旗仪式，使他们在观看升旗的过程中不知不觉地接受了广泛的爱国主义教育。这种教育的特点就是通过有意义的、看不见的活动或一些小事渗透于运动员的训练及日常生活之中，使运动员随着不同的载体（诸如文娱活动、社会交往等）悄悄注入运动员的心灵，并在其心灵深处积淀下来，从而使运动员时时处处受到思想的熏陶和人格的塑造作用。尤其要注意运动环境对运动员的熏陶力，譬如在运动环境中可以张贴一些有教育意义的标语，对运动员就可以起到暗示教育的作用。此外，还要增强精神教育环境的熏陶力。健康优良的集体心理环境有利于缔结运动员积极向上、团结、合作的同伴关系，有利于形成和谐、拼搏、友好的人际环境。

2.1.3.2 内隐认知对技术评价及训练定势形成的影响

裁判对难美项目的打分，观众对运动美的欣赏以及对技术美的认可都离不开内隐认知，这里面实际上存在着一个评价的问题。所谓"评价"，是指社会群体以其自身的价值准则为标准，对客观对象进行质与量的比较的社会行为，实质是对主客观一致性程度的判断。根据比较来判断主客观一致性程度，或用模糊语句称之为大小、好坏、高低、快慢、强弱、优劣、发展与退步等。而社会群体自身价值准则的形成在认识与评价事物之前就已存在于人们的头脑中了，它的形成是一个长期的内隐认知过程。当裁判或观众用自身的价值标准评价技术动作的质量、美观度时，显然这是个有意识的评价过程，但运用的却是某种内隐的价值准则。张浩认为，该价值准则的形成与发挥作用的过程都是内隐的[12]。难美性项目比赛中,裁判员对运动员技术动作的评分,虽说是遵照了规则要求,但不同的裁判对同一动作进行评价的分数有很大差别,主观性很大,实际上是裁判员头脑深处的无意识的评价准则影响着他们的评判。

内隐认知的另一种体现是训练模式。每个教练员或运动员都有自己的训练思路与训练模式,实际上是属于内隐形成的认识模式,一旦形成之后,便成为一种思维定势来自发、自动地制约认识,是一个无意识的内隐认知过程。随着科学训练思路与方法总的发展,教练员和运动员也应与时俱进,自觉完善自己的训练模式与思维定势。

2.1.3.3 内隐认知有利于培养运动学习主体的创造力

顿悟、直觉及运动灵感等创造力在运动训练创造性认识活动中以及竞技比赛中起到非常重要的作用。要提高运动技术水平,需要用创造性思维来研究新理论、新方法、新技术与新战术,使自己的运动技术达到一个新的水平。反之,就会从优势或领先的地位沦为落后、失败的局面。运动训练的成功是一种艰苦的创造过程,它包含着无数次由量变到质变的飞跃,而每一次飞跃又无一不是教练员与运动员及协作人员智慧与灵感的闪光。运动竞赛的背后早已成为科技与智慧的较量,要在当今世界体坛确立自己的霸主地位,没有超人的智慧和创造能力是不行的。顿悟、直觉及运动灵感就是教练员、运动员及协作人员在训练过程中最具创造力的动态展示,是训练者们用整个生命与训练、比赛活动相撞击而产生的创新火花。具体地说,运动灵感或顿悟是指训练过程中,教练员与运动员情绪处于奋发激昂、思维处于活跃升华状态时,由于外界某种事物或诱因的启发,突然使正在探索的或者长期探讨而未解决的训练问题或难题得到明确解决的精神活动[13]。

其实,运动主体的顿悟、直觉及运动灵感等创造力正是源于运动主体长期内隐认知的结果,源于头脑中存储的长期的经验和经历。内隐认知理论关于灵感的心理机制表明,运动灵感是借助于记忆库中运动信息连贯性的逐渐增强而产生的。思考者最初不成功的努力激活了记忆信息,使他对得到环境线索(新信息)变得敏感。这种信息碰撞的部分激活了其他有关记忆痕迹的信息,从而增强了有助于发生问题直觉的信息连贯性,连贯性逐渐增强到使信息的新奇组合成为可能的水平。当对基本记忆痕迹的激活作用达到了发现一种顿悟型答案所需阈限时，直觉就导致了顿悟、灵感的出现[14]。可见，运动灵感、顿悟以及高峰体验等创造力元素正是内隐认知积累效应的结果。总之，内隐认知为开发利用这些创造力提供了诱人的前景。运动实践中，学习主体应积极利用内隐认知的显现化来培养自己的创造力。

内隐认知的发现与研究打破了仅仅重视外显认知的单一局面，为更加全面、深入地认识人类认知系统的多重性及认知过程的内在规律提供了新的视角。作为人类认知系统的重要组成部分，内隐认知具有自动性和隐蔽性、大容量性和强健性、稳定性和抗干扰性等本质特征。内隐认知与外显认知在加工过程中互相提供信息资源并互相利用，加工功能的补偿性与"随机通达性"决定了它们在认知中作用的互补性。外显认知在逻辑分析与理性认识中占有优势，内隐认知在保障个体的生存与发展中也具有不可替代的重要作用。二者相互独立，相互作用，互为主次，互相依存。

2.2 内隐学习的概念

我们的日常生活中处处存在内隐学习现象：儿童无需系统地学习语词和语法规则，就能不知不觉地学会说母语；一对夫妻会随着相处时间的不断增多，而不自觉地学会对方说话的语气和神态，因此越来越有"夫妻相"；围棋的新手看了大量的棋谱，即使不加点拨，棋艺也会有所长进。以上这些学习过程都有一个共同的特点，就是发生于不知不觉中。这种不同于传统的有意识、有目的获得知识的学习过程，就是近来引起学术界广泛关注的内隐学习。

内隐学习是认知心理学的一个重要概念，由美国心理学家瑞伯（Arthur S. Reber）于 1967 年泰国人工语法实验首次提出。他在研究中要求规则发现组被试寻找字母串的内在结构，而记忆组被试则记忆所呈现的字母串。结果发现，被试在评价新字母串是否符合语法时，规则发现组反而不如记忆组的表现好。瑞伯据此认为记忆组对复杂材料进行了内隐学习，这种无意识获得复杂信息的加工过程至少在某些特定条件下优于外显加工，即，内隐学习就是在学习过程中无意识地获得刺激环境复杂规则的过程。正是在瑞伯这个著名的实验中，内隐学习这种不知不觉、自动产生的学习正式成为心理学研究者关注的对象[15]。

2.2.1 内隐学习理论的发展

内隐学习理论从根本上说是从无意识理论发展而来的。"无意识"的概念首先是弗洛伊德（S.Freud，1856–1939）提出来的。弗洛伊德在探究人的精神领域时运用了决定论的原则，认为事出必因，如做梦、口误和笔误，都是由大脑中潜在原因决定的。由此，弗洛伊德提出关于无意识精神状态的假设，将意识划分为三个层次，即意识，前意识（"冰山理论"中的水面，或者严格地称分界线）和无意识。他把心灵形象地比喻为一座冰山，心理活动就像是漂浮在海洋上的一座冰山。意识就是浮在水面上的小山尖，而无意识（或潜意识）则是水面之下看不见的巨大部分（如图2–1所示）。他认为人的言行举止，只有少部分是意识在控制的，其他大部分都是由潜意识所主宰，而且是主动地运作，人却没有觉察到。由此看来，对无意识领域的探索和研究有着巨大的潜力和无限的空间，所谓无意识，一般是指不知不觉的、没有意识到的心理活动，不能用言语来表述。无意识的心理活动是一切意识行为的基础。

图 2–1　弗洛伊德的冰山理论图

继承发扬弗洛伊德的无意识理论的代表人物是荣格。荣格（Carl Gustav Jung）在弗洛伊德关于无意识理论的基础上，不仅对意识和无意识予以区分，还特别指出"无意识"包含着"个人无意识"和"集体无意识"两个不同的层次，认为"集体无意识"的构成是基因结构与原始动力的统一。荣格由此得出结论：在人的精神世界里存在着一个神话创作层面，它不仅为精神病人和正常人所共有，也为不同文化和不同时代的人们所共有。荣格把精神的这一层面称为"集体无意识"。荣格发现，人类的无意识心理并不完全来源于个体的生活经验，有些心理是与生俱来的，这种自身存在而不依赖于个体经历的无意识，便是"集体无意识"，而"集体无意识"是潜藏在每个个体心底深处的超个人的内容。

尽管荣格和弗洛伊德同属精神分析学派，但两者在意识理论体系也存在不同之处：第一，两人都重视潜意识，但荣格的潜意识范围较广，他强调人格的种族根源，他认为潜意识是心理能量及智慧的根源，而弗洛伊德的潜意识只有非理性的成分；第二，荣格对于人类的看法包含目的论和因果论，而弗洛伊德认为一个人的行为是受过去的影响；第三，荣格反对弗洛伊德的泛性论；第四，弗洛伊德学说过分强调生命中的病理部分和人的缺陷，而荣格则喜欢从一个人的健全方面着手研究；第五，荣格认为人具有一种持久、创造的发展以及追求完美的渴望。

美国学者瑞伯首先通过实验对无意识理论进行研究。他认为，内隐学习是无意识地获得刺激环境中的复杂知识的过程，人们的学习过程涉及外显与内隐两种学习方式，外显学习是指人们有意识地解决问题、做出决策等需要通过思考，并按照一定方式完成的学习活动；而内隐学习特指人们在不经意间，知晓并获得知识与行为方式的过程。瑞伯虽然与其同事在20世纪60年代对内隐学习问题作了大量研究，但对当时心理学领域的影响甚微，几乎很少有人关注或者模拟他们所提出的"新"的学习现象。到了20世纪80年代中期之后，无意识认知的影响迅速辐射到心理学的各个分支学科，随着现代认知心理学研究的进一步深入，在内隐记忆研究的推动下，心理学界对内隐学习研究的兴趣迅速复苏，继内隐记忆研究热潮之后，再次掀起认知研究的新高潮，内隐学习也于90年代成为认知心理学最为活跃的研究领域之一。

和传统外显学习的产物相比，内隐学习所习得的知识通常表现为缄默知识（tacit knowledge）的形式。英国物理化学家和思想家 Planyi 于 1958 年首次提出缄默知识这一概念。Reber 认为，内隐学习就是无意识地获得刺激环境中的复杂知识的过程。在这一过程中，个体未意识到或者陈述不出控制他们行为的规则是什么，但却学会了这种规则[16]。Lewicki 等人认为，内隐学习是指受试无法陈述获得的具体知识，甚至意识不到已经有所学习[17]。Mathews 认为内隐学习是不同于外显学习的另一种学习模式，它是自动化的、无意识的，而且能更有效地发现任务变量间不显著的协变关系[18]。Cleeremans 和 Jimenez 主张，如果知识是在无目的状态下获得的，且能够无意识地影响行为，则发生的应该是内隐学习[19][20]。Seger 认为，内隐学习（a）以一种偶然的方式发生，无需运用有意识的假设–检验策略；（b）受试者无需获得足够的有意识的知识，它就能提高受试者在测验中的成绩；（c）是新材料的学习，不涉及先前已有表征的激活；（d）是健忘症患者能够进行的学习[21]。Frensch 认为，内隐学习的定义是"无意识的、自动获得对象或事件之间的结构关系知识的过程[22]"。

经过了几十年的研究和发展，研究者们已都认同内隐学习现象的存在，但迄今仍无法形成统一的定义。当前对内隐学习的界定很多，但概括起来主要存在以下两点分歧：（1）"内隐"是指学习过程，还是学习提取的过程；（2）"内隐"是与"无意识"、"无觉察"同义还是与"无目的"、"自动化"同义。或是，无意识、无目的和自动化这些特征都是内隐学习的特征，只是在不同的任务条件下和学习阶段体现不同而已。为了避免怎样定义内隐学习这个难题，研究者们又提出了怎样定义意识这个问题。定义的问题仍没有解决，而只是从一个概念转移到了另一个[23]。

目前关于内隐学习及相关的内隐认知系统的特征问题，研究者之间虽然仍存在一定的分歧，但概括起来主要有以下几点：

（1）内隐知识能自动产生，无需有意识地去发现任务操作中的外显规则；

（2）具有概括性，内隐学习很容易概括到不同的符号集合；

（3）具有无意识性，且由此获得的知识是不能用言语来表达的。

（4）内隐学习不受或较少受心理或神经损伤的影响。

上述内隐学习概念的共同点是：无论有无学习目的，只要个体在行为表现上发生了改变，但无法内省学习的过程或学习的产物，即可认为发生了内隐学习。

2.2.2 内隐学习的特征

综观五十多年来国内外有关内隐学习的研究成果，不同学者从不同的视角对内隐学习的特征进行了探讨。

Berry 和 Dienes 在 1993 年的著作《内隐学习：理论与实践问题》中认为，内隐学习最基本的特征有：（1）具有迁移特异性（specificity of transfer），这表现在自由回忆对内隐学习的相对不可通达、迫选测验对内隐知识的相对不可通达、相关问题间迁移具有局限性等方面；（2）倾向于跟随遇学习条件有关；（3）产生现象性直觉感；（4）在时间、心理损伤、第二任务方面表现出强有力性（robustness）[24]。

1993 年，瑞伯在总结自己和他人研究的基础上，从进化论的角度提出内隐认知系统如下的五条假设特征：（1）强有力性：外显学习和外显记忆受心理异常和操作的干扰，而内隐学习和内隐记忆则不受其影响；（2）年龄独立性：与外显学习不同，内隐学习没有年龄和发展水平效应；（3）低变异性：内隐认知能力具有较小的个体间差异；（4）IQ 独立性；跟外显过程不同，内隐任务成绩与标准心理测量工具测得智力无一性；（5）加工的共同性：内隐学习深层的加工过程具有物种间共同性。

我国学者杨治良教授在总结 Reber 等人研究的基础上，认为内隐学习具有以下三个特点：（1）内隐知识能自动地产生，无需有意识地去发现任务操作的外显规则；（2）内隐学习具有概括性，很容易概括到不同的符号集合；（3）内隐学习具有无意识性，内隐获得的知识不能用语言表达出来。同时，杨治良教授等人在自己有关社会认知内隐学习研究中进一步发现了内隐学习的"三高"特征，即高选择力、高潜力、高密性和高效性[25]。

我国另一学者刘耀中博士则在分析内隐学习无意识性问题的基础上，提出内隐学习的本质特征有四点：自动性、抽象性、理解性和知识的合用性。

O'Brien-Malone 和 Maybery 则认为内隐学习的最主要特征是以下四性：无意识性、无意向性、不受加工容量限制性、以及不受影响外显加工的神经心理异常性所影响的强有力性[26][27]。

综合已有的研究，内隐学习主要具备以下区分于外显学习的本质特征。

2.2.2.1 自动性

自动性是指内隐知识是在无意识的学习中自动产生的[28][29]。内隐学习是有机体通过与环境接触，无目的、自动地获得事件或客体间结构关系的过程[30]。通过系列反应时（Serial response time，SRT）范式所进行的大量内隐学习研究表明，人们能在没有意识努力的条件下发现任务的隐含规则和潜在结构，并学会在任务环境中对复杂关系作出恰当的反应[31][32][33]，但学习者不能口头报告任务的内在结构，或者口头陈述的知识与绩效不一致。Schneider 和 Shiffrin 等人认为，内隐学习是一种以启动效应为基础、不受意识控制的自动化加工过程，是一种快速的并行传入过程，很少甚至不耗费心理资源，不需要集中注意力参与，不受短时记忆容量限制[34]。但郭秀艳认为，内隐学习并非从学习发生之始就直接达到对规则知识最大限度的掌握。她提出了长时功效的概念，认为只有经过时间的推移和练习的增加，内隐学习的效果才会体现出来，并呈现逐渐增长的趋势[35]。正因为自动性的特点，内隐学习及其产物——缄默知识（tacit knowledge）通常隐藏在外显认知的背后，易被个体忽略，需要通过实践获得。

内隐学习研究致力于探讨学习活动的意识加工程度，当前相关的研究逻辑从传统的意识二分观转向渐进意识假设。李祚的研究通过对人工语法范式进行改造，并借鉴加工分离程序的有关思想，在学习阶段引入双重测量任务，并根据双重任务成绩计算分离出相应学习时段的意识与无意识成分的贡献分数，从而考察在内隐学习过程中两种加工成分的动态变化特征。研究结果支持渐进意识假设，在学习进程中，无意识成分和意识成分都呈现出渐进发展的趋势；而随着学习的深入，两种成分呈现出不同的变化模式，中后期意识加工快速增长，无意识加工则保持平缓发展，渐进意识系统整体呈现向外显学习推进的发展态势[36]。

唐菁华采用人工语法范式和序列学习范式，分别考察被试对人工语法规则（研究一）和二级序列概率规则（研究二）的学习情况，结合意识测量的零相关标准、猜测标准和结构知识测量标准，对测验过程中（主要包括研究一中的分类和再认测验、研究二中的预测测验）知识的意识水平进行评估分析。研究分为两个部分：第一部分探讨在人工语法范式下知识和知识的意识水平；第二部分探讨在序列预测范式下知识及其意识水平的测量。结果发现：（1）再认判断更多受组块知识的影响，且不因学习项目增加而发生显著变化；分类判断受到组块知识和规则知识的共同影响，随着学习项目增加，规则知识作用越来越大，并导致分类判断成绩也越来越好。（2）被试仅靠单纯的观察就能够提高其正确预测序列项目（主要是迫选预测）的水平，分析表明，他们在自选预测中获得的是有关序列整体概率的知识，在迫选预测中获得的则包括序列整体概率知识和二级序列概率知识两种。（3）运用零相关标准，在实验二和实验三中发现人工语法范式下分类判断中规则知识与信心水平呈正相关，表明被试有意识地获得了规则知识。然而ROC曲线显示，被试随信心水平增加，其击中和虚报率都有所上升，这一现象与研究者关于意识的假设（即虚报率和击中率随信心水平增加而减少）有所不同，从而引发思考：被试的信心水平是否真正反映了他们对知识的意识程度？（4）验证了信心和知识水平无关的假设，从而验证了二级序列规则的内隐学习。（5）受组块影响的知识在判断过程中更多基于猜测和直觉；受规则影响的知识则更多依靠熟悉感[37]。熟悉感的结构假设与记忆双加工模型中熟悉感的假设一致[38]，认为它是与材料相似性有关（包括形式和结构相似性）的连续心理量。然而，ROC曲线形态显示，内隐学习过程中作为判断依据的熟悉感也许尚未具有连续性。（6）规则的习得可能不需要特定的记忆缓冲器，也无须内部刺激表征的虚拟设置，仅仅依靠单元的平行加工计算就能实现。

关守义采用经典的人工语法范式，同时引入Dienes和Scott结构知识的主观测量方法[39]，对一系列的变量（如指导语、注意资源等）进行实验操纵，通过四个实验发现，在人工语法学习中，学习者能同时习得抽象规则和组块知识，其中规则知识是被内隐习得的，它不受注意资源和速度的影响，并且是抽象的和可迁移的；而组块知识则可以部分地内隐习得，它在一定程度上会受到注意资源的影响，并且是不可迁移的[40]。

内隐学习研究继续探讨学习活动的意识加工程度，当前相关的研究逻辑从传统的意识二分观转向渐进意识假设。张润来和刘电芝的研究通过对人工语法范式进行改造，并借鉴加工分离程序的有关思想，在学习阶段引入双重测量任务，并根据双重任务成绩计算分离出相应学习时段的意识与无意识成分的贡献分数，从而考察在内隐学习过程中两种加工成分的动态变化特征。研究结果支持渐进意识假设，在学习进程中，无意识成分和意识成分都呈现出渐进发展的趋势；而随着学习的深入，两种成分呈现出不同的变化模式，中后期意识加工快速增长，无意识加工则保持平缓发展，渐进意识系统整体呈现向外显学习推进的发展态势[41]。

杨海波借鉴序列生成任务的研究思路，首次将信号检测论、加工分离程序与片段再认任务相结合，试图来分离习得的意识知识和无意识知识。采用三个研究共七个实验，结果表明：在内隐序列学习研究中，与序列生成任务相比，片段再认任务是一种高效而灵敏的测量工具。学习过程中的意识和无意识呈动态发展趋势：在学习的早期，无意识对学习的贡献大于意识；随着学习的推进，无意识的作用逐渐下降，而意识的作用逐渐上升，进而变成意识学习；随着学习的进一步深入，意识的作用又进一步下降，无意识的作用又增加，出现了自动化[42]。

2.2.2.2 理解性

理解性是指，内隐知识在部分程度上可以被意识到。瑞伯等人在1994对人工语法构成的词谜进行了研究，结果发现，随着被试外显报告所用规则能力的提高，他们也内隐地发展了更为丰富和复杂的规则知识。郭秀艳等人在前人研究的基础上，创立了一种间接推断模式，即，如果内隐和外显的学习进程都呈现并行上升的趋势，那么可以推断内隐学习具有理解性[43]。研究者提出，内隐学习的理解性欲得到更加深入的探明，必须通过言语报告法和其他检验技术（如，出声思维法，thinking aloud protocol，TAP）等的会聚操作。

内隐知识并非永远不能为意识所触及，它和外显知识之间存在动态发展。Karmiloff-Smith 在 1992 年提出了表征重述模型[44]，论述了个体发展水平上，知识从内隐状态向外显状态转变的动态过程。国内研究者验证了这一论述[45]。Jiménez 等人提出，内隐学习的最初阶段借助某种先天反应倾向，加工机制基本属于自动加工，加工速度较快，对认知资源的需求极低。通过第一阶段的表征重述，内隐学习到达第二个水平 E1，即行为熟练阶段，这时表征已是外显的，呈现等级结构与层次，对认知资源的需求加强，觉察状态也从内隐发展到外显水平 E1，但仍未通达意识，无法用言语报告。随着表征重述的继续，觉察状态也向更高的外显水平 E2 和 E3 发展，内隐知识逐渐通达意识，直至能用言语进行报告，同时和其他领域的知识发生了联结。我们所界定的内隐学习对应于该模型中的内隐水平 I 和外显水平 E1。如果说内隐水平 I 是较纯粹的无意识加工机制，那么外显水平 E1 则体现了无意识和意识对内隐学习的双重影响，该水平的表征是外显的，需要更多的认知资源，但少于外显学习所需的认知资源。

林颖、周颖在此基础上构建了一个多水平觉察状态、多水平表征机制、多水平能量需求的内隐学习机制动态观。该观点不同于以往对内隐学习的静态分析，揭示了内隐学习和外显学习在机能上的连续性[46]。

综上所述，内隐学习具有意识－无意识兼容性[47]，但无意识性仍然是内隐学习的首要特征，否则内隐学习就失去了自己的独特性和来自于内隐系统的诸多强劲特质。

2.2.2.3 抽象性

内隐学习可以抽象出事物的本质属性，所获得的知识是抽象的规则知识，不依赖于刺激的表面物理形式，能够在深层结构不变而表面特征不同的情境下，发生迁移。Reber 的实验结果发现，语法规则的改变明显降低了受试的成绩，而字母串物理形式的改变对成绩未产生影响，这表明学习者学到了表面特征之外的其他抽象特征。内隐学习的迁移现象很好地证明了其抽象性特征，Mathews 等人的研究也证明了这一点。

正因为有了抽象性，内隐学习表征的知识才具有高潜力、高密度储存等特点，内隐知识才能够产生迁移。在无意识状态下也能做到类似于外显学习的迁移，这为当今日显突出的"为迁移而教"的概念提供了理论支撑。因此，研究知识的抽象性特征是内隐学习有其长远研究价值的关键[48]。

2.2.2.4 抗干扰性

这种特征具体表现为：

（1）强健性或强有力性（robustness）

内隐学习不易受到心理障碍和机能失调的影响。在这类患者身上，内隐获得的知识比外显知识保持得更加完整。

（2）年龄独立性（age independence）

内隐学习不受年龄发展的影响，相对稳定，但这一观点尚不确定。Reber 在最早提出内隐学习（甚或整个内隐认知系统）具有年龄独立性时，主要凭据的是现实中最简单但却是很明显的一些现实中的观察：儿童在很少、还没有产生意识之前就已经能够获得大量关于自己身体、社会、文化和语言的知识[49]。同时，Reber 还用研究支持了自己的观点。他的一项研究表明，年龄在 4 ~ 14 岁之间的儿童在一项经过修订的人工语法学习任务中表现出几乎相似的操作水平。

另外的几项研究也显示了对内隐学习年龄无差异观点的支持。在Myers 和 Conner 的一项研究中，要求被试完成一项系统控制任务，结果发现年龄在 16 ~ 19 岁之间与年龄在 30 ~ 59 岁之间的两组被试，表现出了相当的操作水平[50]。Howard 和 Howard 于 1989 年利用序列反应时程式也得到了类似的结果，研究发现，虽然在用位置预测任务作为外显知识的测验上，年轻人好于老年人，但在以反应时下降作为内隐学习量的序列位置内隐学习任务上，20 岁的年轻人和 70 岁的老年人之间并无显著差异[51]。在利用 SRT 程式所做的另两项研究中，Cherry 和 Stadler[52]，Perruchet 也未发现年龄差异显著效应现象的存在[53]。

然而，Maybery，Taylor 和 O'Brien-Malone 的研究得出了不同的结果[54]。Maybery 等人采用的是一种由 Lewiciki 共变学习研究程式改编而成的矩阵学习任务，结果发现，年长儿童对目标图片位置的操作成绩明显高于年幼儿童。

虽然到目前为止，直接支持内隐学习有年龄差异的实验证据还很少，但在与之密切相关的内隐记忆领域，在这一问题上，最近的几项研究也发现了与早期证据有所不同的情形。例如，1995 年，Perruchet、Frazier 和 Lautrey 等人发现，在某些特定的条件下，如在归类例子生成任务中，内隐记忆成绩就会随年龄增长而提高[55]。Komatsu、Naito 和 Fuke 的一项研究也表明，涉及知觉加工的内隐记忆成绩无年龄差异，而涉及概念加工的内隐记忆任务成绩不同年龄间有一定差异，在 7 ~ 20 岁之间，随年龄增长而提高[56]。

在过去的研究中，不同的内隐学习任务所涉及的认知加工过程有所不同，有的加工过程跟年龄无关，所以跟其有关的内隐学习就表现出年龄独立性；而有些任务所涉及的加工过程则会受年龄影响，从而表现出学习的年龄差异效应。

（3）智力独立性（IQ independence）

内隐学习不像外显操作任务那样容易受到智力水平的影响。Reber 认为，既然认知机能缄默和内隐的成分好于外显和可意识的万分，而现有的标准人智力测验反映的多是后者，所以，很明显，内隐学习应该跟现有的标准化智力测量工具所测得的智力没有什么关系，表现出 IQ 独立性。同时，Reber 及其同事也做了一项实验研究试图来支持这种观点[57]。他们的实验被试是 20 名大学生，内隐任务是一项人工语法学习，外显任务是要求被试去发现隐藏字母串序列中的模式规律，结果发现，外显任务成绩与 IQ（用 WAIS-R 四项分测验）之间的相关显著，而内隐任务成绩与 IQ 的相关则未达显著水平，而且，两种相关间差异程度显著，内隐与外显两任务间相关不显著。

（4）低变异性（low variability）：内隐学习的个体差异和群体差异小。

（5）过程的普遍性（commonality of process）：内隐学习的内部机制具有跨物种的普遍性。

（6）内隐学习较少受次任务的影响[58]。

一般研究认为，高唤醒水平会导致注意范围的缩小，常用双重任务技术（dual-task technique）来研究这种现象：要求受试同时操作两个任务，一个视作主任务（primary task）；另一个视作次任务（secondary task），一般采用简单反应时任务，次任务的成绩成为探针反应时（probe reaction time，简称PRT）。PRT的快慢反映了主任务使用认知资源的程度，如果PRT与操作单一任务反应时一致，说明操作主任务时还有足够的剩余资源（spare capacity）；如果PRT比简单反应时慢，则说明操作主任务时使用了部分或较多的认知资源。

　　另外，内隐学习效应似乎比外显学习持续时间长。Allen 和 Reber 发现，即使在学习语法两年后，人工语法分类的内隐任务仍保持在机遇线以上（68%）。然而，在间隔两年后，学习者远远不能对他们的分类决策做出外显的解释。Turner 和 Fischler 还提出，通过内隐习得的知识比通过外显习得的知识在需要做出快速反应的时候，显得更强健（robust）[59]。

　　自动地、内隐地发现环境中复杂规则的能力是人类认知的基础。尽管内隐学习过程引起相当多人的研究兴趣，但尚无研究者将内隐学习定义为一种存在个体差异的能力。相反，不同研究者提出[60]，与外显学习的个体差异相比，内隐学习的个体差异相对较小。当前的研究中，以 16 ~ 17 岁英国学生为被试，考察内隐学习与大量认知变量和人格变量的关系。与先前的研究和理论一致的是，与外显联想学习（explicit associative learning）相比，通过概率序列学习任务（probabilistic sequence learning）测量的内隐学习与心理智力（psychometric intelligence）的相关更弱，与工作记忆不相关。结构方程模型揭示，内隐学习与心理智力的两个因素（言语类比推理和加工速度）不相关。内隐学习还与学生在法语和德语两门外语考试中的学业成绩不相关。而且，内隐学习与自我报告的人格显著相关，包括直觉（intuition）、经验的开放性（Openness to Experience）、冲动（impulsivity）。该研究探讨了内隐学习能力对认知、智力、人格、技能学习、复杂认知和语言学习方面的双加工理论的启示，得出的结论是，内隐学习是一种存在个体差异的能力，它与个体差异研究的其他重要变量存在有意义的相关。内隐学习与经验的开放性、关键结构、知觉以及没有预谋的决策倾向相关。内隐学习能力与心理智力、工作记忆、外显联想学习和自测智力（self-rated intellect）不相关。研究结果与下列观点一致，即，个体通过两种相对独立的系统来分析和了解他们的经验规则。而且，这些结果表明，对内隐认知个体差异的考察既能提高我们对人类智力、人格、技能获得与语言获得的具体理解，又能更普遍地理解人类复杂认知[61]。

2.2.2.5 高效性

当技能获得并且达到自动化程度时，技能的转换与提取具有高效性的特征。譬如弹奏乐器时，当技能达到一定的水平之后，往往能够在心不在焉的状态下近乎完美地完成一首乐曲。在运动技能水平发展到自动化程度时，运动员可以在没有视觉参与下，完成一系列高难度、复杂的动作，甚至超水平发挥，做出一些创新动作。实际上这都是内隐学习在起作用。

2.2.2.6 长效性

通过内隐学习获得的知识、技能可以保持相对较长的时间。这是因为内隐学习获得的知识、技能在下意识层面形成，不易消退遗忘。

由此可见，内隐学习不同于外显学习。首先，就其产生的各种条件来看，内隐学习是在偶然的、关键信息不明显的条件下进行的，获得的知识是难以有意识地加以表述提取的。其次，内隐认知学习系统具有较强的耐久力和抗干扰性，它不受精神病或神经损伤的影响和干扰。再次，内隐学习系统具有更密集的总体分布及其较小的个体差异和总体变异。最后，内隐功能不受标准的认知能力测验和智力测验的影响。

2.3 内隐学习的研究范式

内隐学习的经典研究范式主要有以下三种：

2.3.1 人工语法学习范式（artificial grammar learning paradigm）

Reber 提出了内隐学习研究的最重要范式——人工语法学习范式，被广泛用来研究内隐认知学习与外显认知学习。在典型的人工语法实验中，主试在学习阶段向实验组受试呈现符合一定语法规则的字符串（如，

TXSUVW），通过指导语要求受试记忆字符串，引导其单纯识记而不探究其中的内在规则。在后续的测验中，告诉实验组受试，刚才的学习材料有规律，并要求其判断测验阶段的材料是否符合语法规律。而对照组受试在学习阶段就被告知学习材料有规律，且被要求努力探寻这些规律。如果实验组受试的判断正确率高于对照组却难以用言语陈述字符串的语法结构（或判断的依据），就表明发生了内隐学习。

人工语法任务的不足是，强调用指导语控制学习的内隐性，但很难确保受试在学习中不自发采用外显的学习策略。

2.3.2 序列学习范式（Sequence learning paradigm）

从 20 世纪 80 年代末开始，研究者们先后设计了序列反应时、矩阵扫描（matrix scanning）和序列预测（sequence prediction）三项经典的序列学习任务，标志着序列学习范式的诞生。

Nissen 等人首先采用序列反应时（SRT）任务来探索内隐学习现象的存在。只告知受试将要进行的是四择一的反应时测试，对依次出现在计算机屏幕上不同空间位置的视觉刺激尽快按相应键反应，但他们并不知道这些刺激的呈现是有规律的。多次重复练习后，受试的反应时会逐渐缩短；这时插入一个随机的位置序列，如果受试对随机位置序列的反应时显著长于对固定位置序列的反应时，就证明受试习得了固定序列，发生了序列学习。反应时实验结束后，受试接受生成任务测验，根据屏幕上呈现的刺激位置，预测下一个刺激可能出现的位置。如果受试的反应时或正确率稳步改善，却不能用言语来表达序列规则[62]，则证明序列学习是内隐的。

如果序列学习规则过于简单，则容易外显。Destrebecqz 和 Clearemans 提出，将生成任务分为包含测验和排除测验两部分，前者是让受试根据前面出现的两个位置预测下一个该出现的位置，后者则要根据前面出现的两个位置预测下一个不该出现的位置。如果受试的包含测验成绩大于排除测验成绩，说明获得的序列知识含有大量的外显成分；否则，则认为获得的序列知识意识成分较小，为内隐学习。但序列学习的内隐性还是受到质疑[63]。

2.3.3 复杂系统控制范式（Control of complex system paradigm）

实际生活中的内隐学习现象远比序列学习中简单的刺激反应复杂得多。1977 年 Broadbent 提出了系统控制任务范式，主要采用模拟的生产和社会情境进行复杂问题解决的研究。受试和计算机控制系统进行交互作用，受试通过改变一个或多个输入变量的值来实现输出变量的一个特定目标，如，通过改变两辆车之间的始发时间间隔和停车费来控制每辆车的乘车人数和空的车位数，以此对城市交通运输系统进行控制。受试无法意识到且无法陈述系统控制任务中潜藏的不明显且十分复杂的规律，却学会令人满意的控制行为，因而学到的知识是内隐的。

人工语法学习范式和序列学习范式中，受试在学习阶段是无意识的，而系统控制任务范式中，受试在学习阶段是有意识地主动寻找规律，Broadbent 等人将这种有目的、充分注意但自己觉察不到的学习称为非选择性范式（u-mode learning）。虽然从定义出发，生活中这类有目的的但无法觉察的学习过程不是严格意义上的内隐学习，但这种任务普遍存在，与现实的生产和社会情境紧密相连，不像其他内隐学习那么被动，因此可能具有更广泛的应用价值。

2.4 内隐学习的测量方法

知识的内隐性是内隐学习不同于外显学习的最重要特征，在内隐学习的三种研究范式中，主要采用自由言语报告、迫选测验和主观测量对内隐学习的这一特征进行评判。

2.4.1 自由言语报告

在人工语法学习领域，当受试在分类任务中的表现显著高于随机水平，却无法用言语报告分类规则时，这部分知识便被认为是内隐的。序列学习范式也沿用此法。言语报告是运动技能内隐学习测量最通用的手段，一般在实验后要求受试尽可能详细地回忆他们在技能操作过程中使用的策略、方法、技术等。若受试报告在技能执行过程中使用了较多的与技能有关的具体知识，则被认为采用的是外显学习；若受试报告了较少的与技能有关的具体知识，则被认为采用的是内隐学习。

2.4.2 迫选测验

与人工语法学习范式和序列学习范式不同的是，复杂系统控制范式使用迫选测验作为评判内隐性的方法。受试对一系列涉及系统变量间关系的选择题作答，当成绩处于随机水平时，便认为知识是内隐的。这种迫选测验很好地解决了由于信心缺失导致的言语报告不可靠问题，因此许多研究者将其引入序列学习领域。Willingham 等设计了一项类似迫选测验的产生任务（generate task），即向受试呈现规则序列的一部分，要求受试预测并选择下一个项目的位置，产生任务的低绩效表明受试在序列学习时没有外显知识的参与，是内隐学习[64]。Olson 和 Chun 在 2001年的研究中，迫选测验任务则是要求受试再认（recognition）出符合规则的序列，以此作为评判内隐学习的指标。显而易见，Olson 和 Chun 的再认任务与 Reber 研究中的分类任务异曲同工，而产生任务则与序列预测（sequence prediction）任务极其相似。由此可知，迫选测验既可用作外显知识的指标，也可用作内隐知识的指标，其划分内隐和外显知识的界限有些模糊[65]。

2.4.3 主观测量

由于言语报告和迫选测验的局限性，Dienes 等人于 1997 年提出用主观测量作为衡量知识内隐性的标准。主观测量的理论基础是 Rosenthal 提出的高级观念理论（High order thought theory，HOT）。Rosenthal 认为，某一心理状态有意识时，我们就会产生关于这一心理状态的观念或想法，即用一个比心理状态更高层次的高级观念来表征个体正处于这一心理状态[66]。可以说，任何评估知识内隐性的标准都对相应的 HOT 进行了不同程度的评估。然而，上述言语报告由于信心缺乏、遗忘和要求特征等问题可能无法正确表达 HOT。

Dienes 和 Berry 提出了两种可用于内隐学习领域的主观测量。内隐知识必须低于主观阈限，即，受试缺乏元知识。元知识的缺乏有两个标准：其一为猜测标准（guessing criterion），即受试的表现高于随机水平，却声称仅仅在猜测，表明他们的知识是内隐的；其二为零相关标准（zero-correlation criterion），受试对操作成绩的信息与实际准确性之间没有相关，则意味着受试不能区分能提供知识的心理状态和仅基于猜测的心理状态，因而心理状态是内隐的。

2.5 内隐学习与外显学习的关系

内隐学习（implicit learning）是指有机体在与环境接触的过程中，不知不觉地获得了一些经验，并因之改变其事后某些行为的学习。相反，外显学习（explicit learning）则类似于有意识的问题解决，是有目的、有意识、需要付出意志努力的清晰的学习。外显学习和内隐学习这两种学习过程都能引起行为的改善[67]，两者位于意识的连续体上，最好是通过观察学习情境本身来进行详细说明。偶然性学习（Incidental learning）是在无意识学习的情境下进行的学习，或者说，不知晓情境规则结构的外显知识。在某些情境下，行为本质上是偶然性产生的，这就是内隐学习；而在某些情境下，行为本质上是有意识地产生的，这就是外显学习。

在学习过程中，内隐学习不用言语或分析系统，试图尽量减少使用工作记忆（working memory）；而外显学习往往采用各种指导或引导，鼓励使用言语或分析系统，趋向于增强对工作记忆的依赖程度（表2-1）。工作记忆是一种对信息进行暂时加工和贮存的能量有限的记忆系统，在许多复杂的认知活动中起重要作用。陈述性知识（declarative knowledge）也称"外显知识"，是储存在工作记忆中可被有意识提取的、执行任务的信息，它不仅来自外部指导，学习者也会通过尝试错误（trial-and-error）的方法进行积累。随着时间的推移，学习者越来越少地依赖工作记忆加工陈述性知识；技能达到自动化时，学习者可在无意识条件下完成动作。当技能高度自动化时，学习者重新启动工作记忆，试图利用陈述性知识库来有意识地干预自动化控制的运动系统，这一过程被称为"再投入"（reinvestment）。

在压力情境下（如一个关键的致胜罚球），有"再投入"倾向的学习者其绩效下降的可能性更高。有研究者据此提出，阻止外显技能信息的形成也将使学习者无法再投入。因此，这种不依赖言语或分析系统的学习观点就诞生了。

表 2-1　内隐学习与外显学习的特征比较

内隐学习	外显学习
对工作记忆的依赖有限	对工作记忆的依赖增加
积累的陈述性知识有限	积累的陈述性知识增加
心理压力下绩效稳定	心理压力情境下绩效遭到破坏
次任务条件下绩效稳定	次任务情境下绩效遭到破坏

注：引自 Poolton，J M，Zachry，T L.，2007.

我国学者任杰，章建成指出，内隐学习与外显学习的关系一直是认知心理学研究的重点：一方面，两者平行发生，相互独立；另一方面，两者紧密联系、相互作用，共同构成人类的学习现象，缺一不可[68]。Reber 等人指出，"在日常生活中，人们的学习并非严格意义上的内隐学习或外显学习，而是两者的交融[69]"，这一观点得到 Kersten 和 Earles 的认同[70]。Sun 等人的研究表明，大部分情境中两种学习模式都存在，学习者的操作绩效中同时存在内隐与外显知识的贡献[71]。内在关系明显的学习材料更适宜外显学习，内在关系不明显的学习材料更适宜内隐学习。郭秀艳提出了关于内隐学习和外显学习关系的双锥体模型（如图2-2所示）。

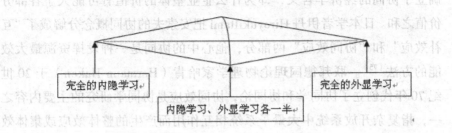

图 2-2 内隐、外显学习的连续体

该模型认为，大部分学习任务既包含外显学习，也包含内隐学习，趋近两端的地方用虚线表示是因为完全的内隐学习或完全的外显学习通常是不存在的。内隐 – 外显连续体表示，每一项学习任务都处于连续体的某个位置上，是内隐和外显的有机结合，极端位置上纯粹的内隐或外显学习几乎是不存在的，而两者的有机结合才是合乎现实的客观存在。练习或潜在关系突出性影响了两者含量，而内隐学习中的意识参与又表示外显知识对内隐学习的促进作用[72]。郭秀艳的模型倾向将两种学习解释为并存的，互为补充的关系。在人类的学习和生活中，内隐学习及其与外显学习的相互作用起着不可估量的作用。

杨治良等人进一步形象地指出，内隐学习和外显学习分别像建筑物框架结构中的钢筋部分和水泥部分，两者有机结合才能构建成一座建筑物。换言之，任何一个学习任务都是内隐学习与外显学习的结合物。双加工理论（dual process theory）认为，行为是内隐的（自动的）无意识加工和外显的（控制的）意识加工交互作用的结果[73]。

2.5.1 内隐学习与外显学习的协同效应

"协同"（synergy）一词源自希腊语"synergos"，意为"合作"（working together）。协同在管理学中最初出现于 1965 年著名的战略管理专家安索夫（H.lgor.Ansoff）所写的《公司战略》中，他认为，战略管理中的协同效应是一种联合作用的效应，是企业获得的联合回报效果大于由部分资源独立创造的总和[74]。他首次提出"1+1>2"这一最简练的协同概念，确立了协同的经济学含义，即为什么企业整体的价值有可能大于各部分价值之和。日本学者伊丹 HiroyukiItami 把安索夫的协同概念分解成了"互补效应"和"协同效应"两部分，他心中的协同是一种发挥资源最大效能的方法[75]。联邦德国理论物理学家哈肯（Hermann Haken）于 20 世纪 70 年代创立了协同学和协同论，协同效应是协同学研究的主要内容之一，指复杂开放系统中大量子系统相互作用而产生的整体效应或集体效应[76][77]。

在人类的学习领域，内隐学习和外显学习各有利弊：内隐加工迅速，是无意识的、整体的，但不精确；外显加工是有意识的、精确的，但缓慢[78]。

显而易见，必须将内隐学习与外显学习以某种方式结合起来以达到扬长避短的效果。内隐与外显两种学习方式结合时产生相互促进，表现出学习成绩显著高于单一的内隐或外显学习的协同效应[79]。Mathews 等最早用实验证明了内隐学习与外显学习之间的协同效应，这为内隐与外显协同学习的研究从理论和方法论上都奠定了坚实的基础。其后的大量研究结果证明了内隐学习与外显学习的协同效应[80][81][82][83]。

2.5.2 内隐与外显协同学习的研究范式

研究内隐与外显的协同学习时，首先应当确定内隐与外显训练阶段结合的最佳顺序[84]。这方面的研究主要集中在人工语法学习领域，Mathews 等人利用强分离程序——匹配（match）和编辑（edit）范式对人工语法学习进行了研究，学习方式分为匹配－编辑，编辑－匹配，匹配与编辑的混合，分别相当于内隐－外显、外显－内隐、内隐与外显的混合，在实现内隐学习与外显学习暂时性分离的前提下，把两种学习方式进行不同形式的组合。匹配是受试先将呈现的单个项目（一个语法串）长时间保留在记忆中，然后在接着连续呈现的 5 个高度相似的备选项目中将其辨认出来，在这种条件下，受试不知道这个项目是由一种语法所产生，匹配任务为内隐学习任务。编辑任务为外显训练任务，呈现"缺陷"串（非语法串，可能是一处、两处或两处以上错）让受试加以修正，并告诉受试该项目是由一个他们即将发现的用来修正字母串的复杂规则产生的。匹配－编辑是受试先完成一半的匹配任务再完成一半的编辑任务，编辑－匹配与之相反，混合任务是匹配任务与编辑任务交替进行。研究者指出，这种研究范式可以使内隐学习加工的内隐性更加纯正。相关的研究结果表明，当学习者共同运用内隐和外显两种学习方式时，其效果是最好的，即内隐学习和外显学习之间相互促进。Sun 等人探索了不同的学习模式包括内隐学习、外显假设检验学习（explicit hypothesis testing learning）和内隐到外显知识析取（implicit-to-explicit knowledge extraction）之间的协同学习，指出，内隐与外显的协同效应具体表现在 3 个方面：一是言语表现效应，如采用言语表达有时导致更好的成绩；

二是外显解释的指导效应，如接受指导语导致更好的成绩；三是综合效应，如增强言语表达在外显加工中的作用和外显指导语的作用导致成绩提高[85]。

2.5.3 内隐与外显协同学习的机制——CLARION 模型

Sun 等人根据其在认知建构研究中提出的"自上而下的模型"与"自下而上的模型"进一步提出了内隐和外显学习整合的计算机模型——CLARION 模型（connectionist learning with adaptive rule induction ON-line 当前适应原则归纳的联结学习），在一种较宽泛的范围内模拟人类的认知加工过程。模型包括两个层级（如图 2-3 所示），两个层级存在表征方式上的差异（因此有不同程度的可通达性）和学习方式上的差异。

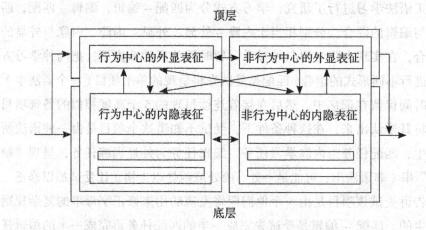

图 2-3 CLARION 模型的层级结构（转引自 Sun 等，2004）

首先，该模型由两个水平组成：顶层水平的外显知识编码和底层水平的内隐知识编码。顶层外显知识由局域符号表征（localist - symbolic representation）加工，每个单元都清晰易解且有更清晰的概念意义，易为意识通达；而底层内隐知识使用的亚符号分布式表征（subsymbolic distributed representations）虽具有概括力，但没有联结语义标签，不易为意识通达，因而是缄默的[86]。

其次，该模型考察了"自下而上"和"自上而下"这两种不同的学习方式（如图 2-4 所示）。

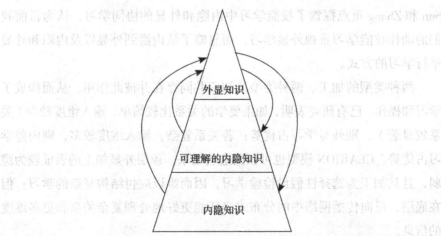

图 2-4　自下而上与自上而下的两种加工

外显学习是自下而上的加工（bottom-up processing），通常是先对较小的知觉单元进行分析，然后再转向较大的知觉单元，经过一系列连续阶段的加工后，达到对感觉刺激的解释。例如，当看一个英文单词时，视觉系统先确认诸字母的垂直线、水平线、斜线等各个特征，然后将这些特征结合起来确认一些字母，再结合起来形成单词。这是一个由部分到整体（part-to-whole）、数据驱动的加工（data-driven processing），强调从刺激本身的特征出发，引导我们知觉客体。这种加工是从较低水平迈向较高水平的，可随环境的变化而不断得到调整，具有很高的灵活性，通过纠错过程促进对不理想动作的纠正，因而控制精确，但这种加工比较缓慢且容易遗忘。内隐学习是自上而下的加工（up-down processing），是由有关知觉对象的一般知识开始，形成期望或对知觉对象的假设，它强调个体运用自己头脑中已有的知识、经验、概念或者期待来引导我们对客体的知觉，理解新的知觉对象，是从整体到部分（whole-to-part）、概念驱动的加工（conceptually driven processing），但这种加工在运动技能学习的初期容易出错[87]。可见，内隐学习和外显学习各有利弊，两者的结合可能会起到扬长避短、提高学习效率的作用。已有研究表明，原有知识系统引起的自上而下的概念驱动与自下而上的数据驱动相结合，可以促进学习进程[88]。Sun 和 Zhang 重点探索了技能学习中内隐和外显的协同学习，认为目前我们的动作技能学习重视外显学习，而忽略了从内隐到外显以及内隐和外显平行学习的方式。

两种类型的加工、两种类型的知识共同存在并彼此作用，从而构成了学习和操作。已有研究表明，如果要学的关系比较简单，输入维度较少（关系较显著），则外显学习占优势；若关系复杂，输入维度较多，则内隐学习占优势。CLARION 模型也可预测这些结果。顶层外显加工的表征较为脆弱，且其加工为选择性假设检验学习，因而难以应付结构复杂的学习；但在底层，反向传播网络中的分布式表征能更好地处理复杂关系和更多维度的信息。

综上所述，学者们应用计算机模拟更好地揭示了内隐 / 外显加工交互作用的机制，对我们理解、设计和预测训练和学习过程、理解技能学习中的个体差异大有助益，为认知科学的实证研究和理论探索提供了新的方法和角度，为内隐、外显学习的整合理论在运动技能实践领域的研究奠定了坚实的理论基础。但这些研究局限于实验室条件下，运动技能实践领域中，内隐与外显协同学习的研究极为鲜见。

2.5.4 内隐与外显协同学习的影响因素

如前所述，在实际的学习情景中，并不存在那种纯粹的内隐或外显学习情景，两者的交互学习才是更合乎现实的客观存在。既然存在着交互，那么，在什么条件下出现相互的阻碍与干扰、什么条件下出现相互的促进和协同？研究者在人工语法学习领域对两者协同效应的影响因素进行了较为系统的研究。葛操采用强分离的实验范式，将学习方式成功地分离为内隐（匹配）学习、外显（编辑）学习、先内隐后外显学习（匹配 – 编辑）和内隐与外显的交替学习（匹配与编辑交替进行）四种，对不同材料难度、材料性质以及不同年龄、不同学习能力的学习者内隐与外显学习的协同效应进行了探索。结果表明：

（1）不同材料难度的任务中，内隐学习与外显学习的协同效应不同。

为了使内隐学习与外显学习的相互作用达到最佳状态，针对学习材料的难易程度，突出不同的学习方式是十分必要的。在低难度的双条件语法学习中，交替组的学习成绩最好、其次是匹配－编辑学习组，这两种学习方式和最差的匹配学习组成绩都存在显著差异；在高难度的语法规则学习中，匹配－编辑学习组的成绩最好，其次是交替组，编辑组最差，说明学习高难度任务的理想方式应该是在获得外显的规则知识之前先发展一种内隐知识基础，或者在内隐学习的同时伴随有效的外显学习。因此，为了使内隐认知和外显认知的相互作用达到最佳状态，针对认知材料的难易程度，突出不同的认知方式是十分必要的。

（2）小学五年级、小学六年级、初一和高一四个年级的内隐学习成绩和外显学习成绩的差异均不显著。内隐与外显协同学习的成绩在初一年级后有显著增长，高一年级的成绩显著高于其他三个年级。不同年龄学习者中，交替学习组的成绩最好，其次是匹配－编辑组，均好于单一的匹配组或编辑组。

（3）真实材料的学习中，交替组与匹配－编辑组成绩要显著好于单一的匹配组或编辑组；在人工语法材料的学习中，交替组与匹配－编辑组的成绩均好于单一的匹配组或编辑组，交替组与匹配－编辑组之间差异不显著，匹配组和编辑组之间差异不显著。

（4）学优生在匹配与编辑交替学习下成绩最好、其次是匹配－编辑学习，它们都显著高于匹配学习成绩，但与编辑学习成绩无显著差异；学困生的四种学习方式之间无显著差异。

上述研究结果表明，在不同的材料难度、材料性质、个体差异的情况下，内隐学习与外显学习的最佳组合方式不同，这验证了班杜拉的三元交互作用理论，即学习受任务、环境和个体三因素的综合影响。这启示我们，根据学习的具体情况，采用最有效的学习方式具有一定的实践意义。这类研究不能仅仅局限于实验室中，而应越来越多地出现在我们的运动技能学习实践中。

三、运动技能学习

3.1 运动技能的概念、特征与本质

3.1.1 运动技能的概念

运动技能学习是内隐与外显协同学习在真实情境下表现较多的领域之一，不同学者从不同角度对运动技能（或动作技能）进行了界定。祝蓓里、季浏认为，"运动技能是指通过练习而巩固下来的，自动化的、完善的动作活动方式"[89]。它主要借助于骨骼肌的运动和与之相应的神经系统部分的活动而实现的对器械的操作或外显的肌肉反应。Gagne 认为，"运动技能是一种协调运动的能力，它包括两个成分：一是描述如何进行运动的规则，一是因练习与反馈逐渐变得精细和连贯的实际肌肉运动[90]"；Guthrie 将运动技能定义为："运动技能是通过学习，最准确、耗时最短、最经济地达到预定目标的能力[91]"。上述诸定义的共同点是：都认为运动技能是通过学习或练习获得，并非生而有之；动作操作过程中有一个目标，为了达到这一目标的具体操作必须符合某种运动法则。不同点是：国内学者认为技能是一种合法则的动作方式，而国外学者则认为技能是反映掌握某种动作方式的能力；这些定义加深了人们对运动技能特征的认识，其中 Gagne 的定义指出，运动技能学习包括认知层面记忆指令的学习和肌肉层面实际技能操作的学习两方面；Guthrie 的定义既强调了运动技能必须通过练习获得，表现为某种运动方式，但内在本质是反映掌握这种运动方式的能力，又提示可以从操作准确性、速度和能量消耗等方面对运动技能进行测评[92]。

本研究采用的测量指标即基于此，在不考察速度的情况下，考察反映记忆指令掌握情况的动作知识数量、反映肌肉层面实际技能操作质量的动作姿势的技评以及击球准确性。

3.1.2 运动技能的特征

运动技能主要体现出以下特征：

（1）后天习得的

运动技能是以感知系统与运动系统间的密切协调为必要条件的动作活动方式，所以又有人常常把它称之为知觉运动技能。

（2）在时空结构上具有不变性

任何一种运动技能都具有在时间上的先后动作顺序和一定的空间结构。

动作的顺序性是不变的，如原地推铅球，从持球、蹬腿、转体到最后出手用力的动作顺序是不变的。

动作的空间结构具有稳定性，如篮球的运球动作这种空间结构，有时幅度大、有时幅度小、有时节奏快、有时节奏慢，但运球的基本样式是不变的。

（3）运动技能的运用主要由任务所始动

人对运动技能的运用是主动的，它主要由当前的任务所始动，也就是说，当任务需要时才表现出某种运动技能。例如，篮球场上带球的队员是进行运球，还是传球或者投篮，是依据比赛场上的任务需要而决定的。

（4）熟练程度越高，运动技能越自动化和完善

熟练程度越高的运动技能，越能自动化地轻松敏捷且完善地完成。如单手肩上投篮，随着熟练程度的提高，投篮的技能越完善，投篮的命中率越高，而且意识的参与和控制的程度越少。

运动技能的自动化成分越大，或运动技能越完善，动作就越具有准确性和越少耗费能量，从而使完成该运动技能者注意分配的可能性增加，疲劳感也相对降低。

3.1.3 运动技能的本质

运动技能是大脑皮层指挥下由骨骼肌参与的随意运动，随意运动是指这种运动的发生与形成，是受意识支配的，服从一定的目的和任务，与本能不同，需要后天学习。运动技能的本质是人的随意运动，是通过后天练习获得的。其生理机制是运动条件反射暂时性神经联系，是以大脑皮层为运动基础的，学习与掌握运动技能的过程，其实质就是建立条件反射的过程。

3.2 运动技能的分类

运动技能的分类有利于指导者和学习者根据运动技能的不同特点，采取相应的学习方法，提高运动技能学习的效率。运动技能的分类方法很多，较为常见的有以下几种[93][94]。

3.2.1 大肌肉群运动技能和小肌肉群运动技能

根据动作操作时参与的肌肉群的不同，可将运动技能分为大肌肉群运动技能和小肌肉群运动技能。前者以大肌肉群活动为主，如举重、摔跤等，主要注重力量性；后者是以小肌肉群活动为主，如书法、刺绣等，主要注重精细性。在这两种运动技能组成的连续体之间，是需要大肌肉群和小肌肉群共同参与才能完成动作目标的运动技能，例如，网球项目中的平击击球这一技能，既需要手指、手腕等小肌肉群的参与来抛球，又需要全身大肌肉群的协调来完成引拍、击球、随挥。

3.2.2 闭锁性运动技能和开放性运动技能

根据执行运动技能中环境线索的可预测程度和稳定性特点，Poulton 将运动技能分为闭锁性运动技能和开放性运动技能，操作闭锁性技能的环境线索是稳定的、可预测的，比如射箭、打保龄球等；而开放性技能的操作环境是不断变化、不可预测的，如拳击、击剑、网球中的接发球等。根据Poulton 的观点，一般专家将那些自我发起、不受外周环境变化控制的技能定义为典型的闭锁性技能，将受环境变化控制的技能定义为开放性技能。当然这种观点是正确的，但 Schmidt 在此基础上对不同性质运动技能的分类标准进行了进一步的修正与完善，他着重强调两点：

（1）完成闭锁性技能的环境是可以变化的，如魔术表演和工厂生产流水线上的工作任务，不过这种变化是可以预测的或经过练习可以熟练掌握的。

（2）操作者可事先制定相应的操作计划，在操作过程中加以实施。

而开放性技能的操作者无法有效地提前计划整个动作。本人认为，Schmidt 的观点在运动技能实际操作中是合理的，闭锁性运动技能一般都具有相对固定的运动模式，因此学习这种运动技能关键在于反复练习，直到达到标准的模式和自动化程度为止。开放性技能需要技能操作者根据不断变化的环境特征做出适应性反应动作，具有快速应对外界环境变化的能力和对事件的预见能力。

3.2.3 连续性运动技能、分离性运动技能和系列性运动技能

根据运动中动作的连续性与否，将运动技能分为连续性运动技能、分离性运动技能和系列性运动技能。连续性运动技能是指整个运动过程中始终重复某一个动作，如跑步等，没有明确的开始与结束。分离性技能的主要特征是动作的开始和结束非常明显，如投标枪等。系列性运动技能是指整个运动过程由几个不同动作组成的新的、更加复杂的运动技能，如体操套路、三级跳远等。

3.2.4 认知技能和运动技能

根据决定行为成功的主要因素是思维决策还是动作控制，将技能分为认知技能和运动技能。认知技能中，思维决策对行为成功起主要作用，如象棋、围棋等；运动技能中，动作控制对行为成功起主要作用，如举重、跳高等。大多数的运动技能中，思维决策和动作控制交织在一起，只不过是其中的某个因素占主导地位。

3.3 运动技能学习

3.3.1 运动技能学习的定义

不同学者对运动技能学习（motor learning，也称动作学习）的定义有不同的表述形式。Magill 认为，"运动技能学习是个体操作某项运动技能时的能力变化，这种变化来自于练习和经历该技能后其操作绩效的不断提高"。张英波认为，"动作学习是决定人完成动作能力的内在过程发生的变化"。Schmidt 认为，"运动技能学习是指个体通过练习或经验而使反应能力发生

相对持久改变的过程[94]"。Schmitt and Lee 提出，运动技能学习是一连串与练习和经验有关的过程，进而导致熟练动作能力的相对持久性改变[96]。

Hergenhahn 认为，运动技能学习就是透过经验，使行为或行为潜力的较持久改变[97]。姚家新认为，运动技能学习既包括运动动作，也包括运动知识的学习，运动知识是在体育运动长期发展过程中，通过人们反复的运动实践所积累起来的认知结果；运动技能是通过练习而获得的动作活动方式。领会有关的运动知识（陈述性知识，what）是动作技能形成的关键；运动技能是对运动知识的运用（程序性知识，how）。

上述定义突出了运动技能学习的四个特点：

（1）运动技能学习是一系列的变化过程，既表现为外显的操作速度、准确性的变化过程，又表现为神经结构和功能的变化过程[98][99][100]；

（2）运动技能是后天通过练习或经验（如对他人的观察）获得的，而不是发育、情绪、动机等因素的作用；

（3）学习的结果是运动能力发生相对持久的改变；

（4）运动技能学习是获得反应能力的一系列内部过程，通常无法被直接观察到，只能通过外显行为（即操作绩效）的观察进行推测。而操作绩效（performance）是"在特定的时间和情况下执行一项技能的行为"，并不完全代表学习的真实情况[101]。因此，只有在特定条件下，绩效的改变才可以代表学习的发生。

运动技能学习过程中，操作绩效主要表现出提高性、一致性、持久性和适应性。[102]通过长期学习形成的运动技能具有相对持久性和适应性，因此运动技能学习领域的研究中，通常采用保持测试（retention test）和迁移测试（transfer test）来评价学习效果。

3.3.2 运动技能学习的理论基础

在日常生活中，我们经常需要学习新的动作技能，例如，学习走路、骑车、用餐具、打电脑等，运动领域中更包含了许多复杂的运动，例如，篮球的带球过人、体操的前滚翻与后空翻、柔道的过肩摔以及网球的接、发球等。如此复杂的运动技能是如何形成、习得的？哪些方式可以有助于学习等？

这些问题一直是运动学习领域探讨的的重要研究课题。20世纪以来的动作研究，受到教育学和心理学的共同重视，不论是西方的学习分类理论（如加涅的学习分类理论和布卢姆的学习分类理论），还是我国有关学习的分类，都将动作技能划为一个独立的学习领域。在20世纪前期，动作研究基本上属心理学范畴，主要由神经认知科学和行为主义心理学对动作技能的学习进行理论诠释。这一时期代表性的研究成果主要有苏联学者加加耶娃创立的以条件反射理论为基础的联结论和美国新行为主义者斯金纳等提出的以强化为条件的习惯论。1966年，比劳德奥的《技能的获得》一书出版，成为动作技能学习理论研究的转折点。此后，动作技能成为一个专门的研究对象，动作学习研究开始进入一个探索和建立独立理论的新阶段，认知取向的动作研究也开始取代行为主义而成为动作学习研究的主导力量。此时期的代表性研究成果主要有亚当斯的闭环理论、施密特的图式理论和辛格的信息加工理论等，其共同点是在承认动作本身是一系列刺激－反应联结的同时，都强调认知因素在动作技能形成过程中发挥着重要作用。

随着认知心理学、学习心理学、跨文化心理学等心理学分支学科在当代取得了长足的进展，建构主义学习观、生态学习观、内隐学习观等新思潮不断涌现，引发了学习理论出现重大变革，对动作学习理论的发展和完善也产生着深刻影响。对于学习形成的机制，研究者先后从不同角度提出了多种理论解释，并且这些解释也在随着人类对自身认识的深入而不断完善。

3.3.2.1 行为派关于运动技能学习的理论

（一）桑代克的联结学习理论

最早对人类学习行为进行全面研究并提出完整理论的是美国心理学家和教育家桑代克（Edward Lee Thorndike），他认为学习是一种渐进的、盲目的、尝试－错误（trial-error）的过程，通过不断地尝试各种动作，逐渐淘汰错误反应，保留正确的反应。因此，学习也就是刺激与反应之间自动联结的过程。桑代克提出的效果律（law of effect）指出，刺激和反应之间如果伴随着"有效的行为"，就会增强刺激和反应之间的联结；反之，如果伴随无效动作，就会削弱刺激和反应之间的联结。随着错误反应逐渐减少，正确反应逐渐增加，终于在刺激－反应之间形成固定的联结。

1927 年，桑代克将学习理论应用到人类的动作学习过程领域，并进行了实验性研究。研究结果发现，在动作学习过程中，曾获得结果反馈（knowledge of result，KR，提供关于运动结果的信息或达到操作目标程度的信息，如图 3-1 所示）的学习者，其动作学习有明显的进步。而那些没有获得结果反馈的学习者，其动作学习并没有获得改善。因此，桑代克认为，结果反馈是影响动作学习的重要因素之一，没有反馈，学习便无法获得改善。这说明，在运动技能学习过程中，要合理安排和组织教学，严格控制刺激变量，合理地利用结果反馈和绩效反馈（knowledge of performance，KP，提供与运动相关的运动特征信息），最大限度地提高练习者的学习绩效。

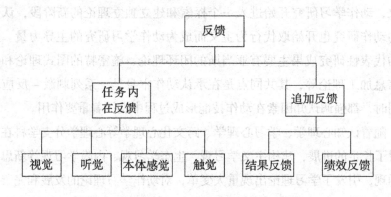

图 3-1 反馈分类示意图

（二）习惯论

基于学习是刺激 - 反应（stimulus-response，S-R）联结的基本观点，行为主义提出了动作学习的习惯论[103]。从刺激 - 反应联结的观点看，动作学习就是人的外显动作行为在外部影响作用下的变化过程，动作学习的结果就是形成稳定、连贯、准确的动作序列和动作习惯，动作技能的提高就是动作序列和动作联结不断延长，动作技能形成后用于完成新的任务，就是动作行为习惯的泛化。

与联结理论一样，习惯论把动作技能的形成归结为是刺激 - 反应联结的形成和加强，把学习过程理解为学习者对外界环境的反应和行为变化过程；动作学习的结果就是形成快速、准确的动作行为的次数与质量，形成稳定、连贯而又准确的动作序列。学习者在一定的环境刺激下，必然要产生一定的行为反应，而外显的行为特征又会反过来修正行为。动作技能的学习本质上就是形成一套刺激－反应的相互联系系统，强调练习和强化在动作技能形成过程中的关键性作用，主张用外部的奖励与惩罚来控制学习过程，通过反复练习来完善行为，抓住了人类学习的外部影响条件，为体育运动训练作出了重大贡献，在一定程度上可以很好地解释动物以及人的低级动作学习。但行为主义的学习观没有深入到动作技能学习的内部心理过程和心理实质（即心理表征问题），没能解决高层次的学习动机问题，没有认识到认知因素在动作学习过程中的重要作用，因而不能有效解释复杂的、高水平的动作技能的获得，更难以解释动作创新问题。这些问题构成了动作学习理论进一步发展的强大动力。

（三）动力定型理论

1952 年，苏联学者加加耶娃在条件反射理论的基础上，从生理学角度对动作技能的形成进行了分析，把动作技能的形成过程分为掌握局部动作的阶段、初步掌握完整动作的阶段、动作的协调与完善的阶段，这三个阶段各具特点而又相互联系[104]。该理论借用巴甫洛夫的条件反射中"泛化""分化""内抑制"等概念来解释动作技能的学习过程，认为动作技能形成的实质就是在大脑皮层上形成稳固的神经联系系统或称为自动化的运动条件反射系统。

该理论把动作技能的学习划分为若干阶段，把动作技能的形成看成是一个由易到难、由简到繁、由局部到整体、由低级到高级、由不熟练到熟练的循序渐进的发展过程，这为动作技能的学习提供了方法论依据（阶段练习法）。正是由于该理论有着生理学的理论依据，长期以来一直是一种比较经典的有关动作技能形成的理论解释和一种比较流行的有关动作技能学习的阶段划分。但是，该理论把动作技能形成的机制仅仅归结为动力定型的形成，没有注意到人的主观能动性和认知因素在动作技能学习过程中的重要作用，使得该理论在解释高级的、复杂的技能学习时不可避免地遇到了诸多局限。

行为主义盛行不久便受到各界的质疑，人们对行为主义最大的质疑是其忽略了人是复杂的思维动物，建立在动物实验基础上的理论不能完全等同于人类学习。至此，认知主义学习理论便应运而生[105]。

3.3.2.2 认知派关于运动技能学习的理论

认知心理学用信息加工的观点来解释运动技能的形成过程，这一过程包含了感受-转换-效应器（S-O-R）三个连续阶段。经过很长一段时间的孕育，1967 年，Ulrio Niesser 发表了《认知心理学》一书，认知心理学正式诞生了。认知心理学是近年来在控制论、系统论、信息论的出现和在电子计算机、人工智能以及语言心理学的突破这个条件下产生的极富影响力的、生机勃勃的心理思潮，认知论学者认为，人类学习并非是一个直接的、机械的刺激-反应的联结过程，而是在刺激-反应形成联结之间加入一个中间变量"O"，即个体的内部条件和内在动机，包括认知、目的、意识能动性等。认知心理学不仅能够很好地回答刺激-反应理论所无法解释的问题，而且在人类意识的支配下，有目的地筛选、检索外部的信息，使所摄入的信息结合相应的情境进行整合、编码、储存。黄希庭在《心理学导论》中指出，各种感觉器官接受输入信息，但是只有通过动觉才能够意识到自己身体的运动。知觉正确与否，对运动技能的形成具有重要意义。如图 3-2 所示，经过练习所形成的运动程序图式，即程序性记忆，储存在长时记忆中。运动程序图式是经过长期的练习而形成的有组织的系统性知识。这种认知观点强调的是技能形成的巩固性和灵活性，弥补了连刺激-反应理论所不能解释的问题[106]。

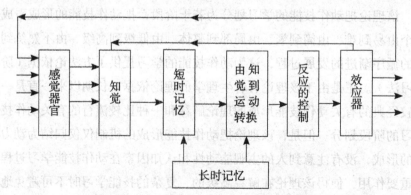

图 3-2　运动技能形成的认知模式（采自黄希庭，1991）

（一）闭环控制理论

20世纪60年代，由于行为主义受到各方面的挑战，认知取向的动作学习理论随之兴起，动作学习研究开始了一次转型：从借用一般的心理学学习理论转变为尝试建立专门性的、独立的动作学习理论，如史密斯（Smith）首倡以控制论来研究动作学习，以替代S-R理论；随之韦尔福特（Welford）从认知心理学的角度提出了动作学习的过程论，费茨（Fitts）与波斯纳（Posner）则提出了动作学习的三阶段模型。到70年代初，捷克·亚当斯（Jack Adams）提出了动作学习的"闭环控制系统"理论（Colsed-loop control system），标志着专门的动作技能学习理论的初步形成[107]。闭环控制模式是日常生活中常用的一种控制机制，它主要由比较器、执行器和效应器几部分组成（如图3-3所示）。比较器是比较立项状态反馈和实际状态反馈的部分；执行器是决定采取动作和保持理想目标状态的部分；效应器是完成理想动作的部分。比如房间内的温控系统，就是一种典型的闭环控制模式。

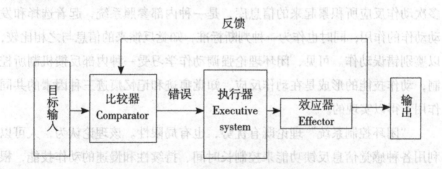

图3-3　闭环控制理论示意图

对于运动技能而言，闭环控制是一种使用反馈、发现错误和纠正错误来保持理想目标状态的控制方式，感觉信息或反馈由执行器到效应器，再回到执行器所形成的环路构成了一个完成特定动作的调控系统。执行器包括刺激确认、应答选择和应答设计等决策程序。执行器将指令发送给由许多组件构成的效应器。一个是动作程序，它可产生作用于脊髓低级中枢并最终引起肌肉收缩和关节活动（比如，打羽毛球时的挥臂动作）的所有指令。

同时，指定一参照物来详细说明正确动作的感知觉特征，比如羽毛球中有效击球时的感觉。这个参照物代表行为人所期望的反馈，也就是正确完成动作并和环境目标正好相符时所产生的感觉。挥臂打羽毛球时，比较器会将所获得的实际反馈与所期望的反馈进行比较。任何不同都表明动作出现错误，并将此信息传给执行器。

闭环控制模式一般被用来控制慢速的随意动作（反应时在 150~200 ms 之间），它不仅有助于理解那些动作中需进行补偿性调节的相对慢的动作过程，而且也有助于理解那些在动作完成时才开始纠正错误的相对快的动作过程[108]。

闭环控制理论揭示了一种动作学习的内部控制机制，认为知觉痕迹和记忆痕迹这两种知觉和记忆形态是动作技能学习的基础。知觉痕迹是在动作过程中获得的一种即时的内部反馈系统，它是联系当前动作与以往动作记忆痕迹的中介，起着反馈和修正动作的作用（即动作过程中的知觉信息与以往的动作记忆痕迹相比较，对错误动作进行修正）。记忆痕迹是以往多次动作反应所积累起来的信息库，是一种内部参照系统，起着选择和发动动作的作用；同时也作为一种判断标准，知觉反馈来的信息与之相比较，以鉴别错误动作。可见，闭环理论强调动作学习受一种内部反馈机制所控制，动作技能的形成是在动作反应、知觉痕迹和记忆痕迹三种因素的共同作用下得以实现的。

"闭环控制系统"理论既有优势，也有局限性。该理论认为，人可以利用各种感觉信息反馈功能来控制长时间、持续性和慢速的动作技能，根据任务需要和环境条件的变化而采用多种动作程序，它利用反馈的方式，说明在完成动作进程中对错误动作的修正，以此来解释运动技能的表现。亚当斯认为，学习者并不是被动接受反馈信息，而是积极主动地学习。结果反馈提供了解决动作问题的信息，一次练习之后，结果反馈提供了如何在下一次运动中更好地达到运动目标的信息。在学习的早期，学习者使用与知觉痕迹相关的结果反馈使动作更准确。闭环控制中的信息加工过程虽然增加了动作的反应时，但却为动作的控制提供了很大的适应性和准确性，使动作具有结构的可塑性和调节的灵活性。

闭环理论为动作技能学习理论的专门化作出了开创性的贡献，初步揭示了动作学习的内部心理机制，它所提出的知觉反馈、错误勘测、动作矫正、过程控制等见解为后续研究开拓了思路，至今仍富有指导意义。

作为第一个专门性的动作学习理论，闭环理论也存在一些自身难以克服的理论困境：一是记忆的容量问题，即记忆如何储存那么多的动作细节，并在需要的时候准确提取；二是反馈的时间问题，即对多变的快速动作知觉何以能在瞬间作出反馈；三是动作的新异性和创造性问题，即人在新异情景下能根据环境和任务的要求做出灵活的适应性动作，而闭环理论则难以解释这种灵活性。

（二）"开环控制系统"学说

20世纪80年代，施密特教授（Richard A.Schmidt）提出了"开环控制系统"理论。该理论很好地解释了人体在短时间完成快速形成运动技能的反馈，如投掷、跳跃、踢球、击球、挥拍等动作。这些动作在短短的时间内是无法进行很多的反馈调节，必须在动作之前已经有了预先选择的动作程序（motor program）。它的理论基础是动作输入信息先直接进入执行器，接着进入受动器，直到动作信息输出。迄今为止，"闭环控制系统"和"开环控制系统"理论依然是运动技能学习与体育教学领域研究的重要基础性内容。

（三）图式理论

施密特对闭环理论进行了修正和发展，在保留了闭环理论大量可取之处的同时，大量吸收了认知心理学的最新研究成果，提出了另一个动作技能学习理论——图式理论，引用图式这一概念，使动作学习理论进一步向认知理论靠近。后经Newell等一批学者的进一步修正，图式理论逐步发展成为一种较为完善的动作学习理论。图式指一种或一套为制定决策提供基础的规则，是从具体细节内容中概括出来并被重新赋予结构化组织的知识，是知识的一种综合性表征形式，是人脑中一类有组织的知识结构。在一个图式中往往既含有概念和命题，又含有表象和脚本等心理表征形式，它表征的是事物或事件的一般特征而非独特特征，因而具有抽象性、概括性和层次组织性。图式理论包含两个重要成分：一是一般控制程序，它控制各类基本特征的控制机制，如投掷、跳、走和跑。二是动作反应图式，它提供在特定情境下管理动作的特定规则，即动作反应图式为一般动作程序提供参数。图式理论认为，动作图式是在观察和练习的基础上，在大脑中形成的一种概括化的动作结构，它反映的不是具体的动作细节，而是具有一定概括性的动作变量关系和一般性的动作程序及原理。这些图式按概括程度的不同构成了一个多层次的动作图式系统，正是这个图式系统发挥着选择、发动和校正动作的作用。

图式理论同样强调动作学习过程中的控制，但与闭环理论不同的是，它认为这种控制是开环系统和闭环系统的共同作用。施密特的学习理论的核心思想就是动作程序的概括化思想，他借用图式概念，强调所储存的是结构关系，强调结构关系是概括化的一般性原理，使得推知刺激情境的反应动作成为可能，这就有效地解决了动作技能学习中的储存问题（即记忆容量问题）、新异问题（即动作的适应性、灵活性和创造性问题）、反馈控制问题（即反馈速度问题）和认知问题（即观察学习和心理练习对动作学习的促进效应问题），对动作学习的解释也更加全面、合理和深刻。

（四）信息加工理论

1975 年，Singer 等人提出的信息加工理论也是一种强调认知的动作学习理论[109]，它把动作技能的学习看作是一个信息的接受、转换、加工、存储和输出过程，强调这一过程受目的和预期所控制[110]。信息加工理论首先把人看作是一个信息加工系统，认为这一系统由一系列结构组成，每一结构在信息加工过程中都发挥着特定的功能，其中控制部分的功能主要是激起执行加工的诸结构对信息进行加工，并根据加工的进展情况随时调节和控制这些结构如何进一步对信息进行加工。信息加工理论把人看作是一个积极的、具有主观能动性的信息加工者，强调在动作学习的认知阶段，学习者会形成对动作学习的预期。预期包括目标意向和目标期望两种成分，目标意向是指学习者了解和认知动作的性质、功用和要求，回忆过去学过的有关动作，在头脑中形成动作表象，明确完成学习任务的目标反应模式和动作反应模式；目标期望是指学习者根据以往成功与失败的经验以及自己的能力水平和任务的难易程度，对自己操作水平的估价，即期望自己能做得如何。预期对动作学习起着定向和动机作用，使学习定向于一定的目标，体现了动作学习的目的性。因而，如何帮助学习者形成对学习的积极预期，是动作技能教学中需要着重加以解决的问题。

1982 年，纽威尔（Newell，K.M.）和巴克雷（Barclay，C.R.）依据认知心理学的研究成果，对图式理论进行了修订，提出了图式层次结构的观点[111]；我国学者李捷基于系统科学思想的耗散、协同与自组织等理论，结合现代神经科学进展，运用国际领先的脑电超慢涨落分析技术，在对巴甫洛夫条件反射理论深入分析的基础上，经过对高级运动员技能特点的实验分析研究，对运动技能形成机制问题进行了讨论，提出了"运动技能是主体目标导向下的泛脑网络自组织过程"的假说[112]。

认知主义从人的复杂思维角度出发，认为学习是一个复杂的心理加工过程，是学习者认知结构改变的过程，学习的实质不是简单的知识堆积，而是建立和发展内在的认知结构，学习者外部行为的变化是源于学习者内部发生的认知结构的变化。因此，认知主义学习理论强调事物的联系，重视学习者的独立思考能力，十分强调学习态度、动机等。在实际教学过程中，认知主义学习理论强调教育者为学生提供便于独立思考的环境，评价的重点是学生对知识的结构、意义的认知[114]。

因此，一般认为，行为主义学习理论因其对学习原理解释的简单性，比较适合解释一些简单的学习，而认知主义学习理论考虑了人与动物的思维差异，更适于解释较为复杂的学习。两派学习理论都有其合理之处，单纯用任何一个流派的观点来解释全部学习，都会有失偏颇[115]。

综上所述，行为主义和认知主义关于运动技能学习理论的解释都具有一定的局限性。行为主义强调刺激-反应，忽视人的主观能动作用。认知主义虽然承认刺激-反应联结在运动技能学习过程中的重要作用，但是对于运动技能学习的认知过程解释不够合理，在实际的教学中偏向于客观主义，比如，在体育运动技能、技术教学的实践中，仍然是以程序教学为主，这种教学模式不能顾及学生的认知活动，更无法体现学生在教学过程中的主体作用及其创造性的发挥。

3.3.2.3 "建构－行为"运动技能学习理论

90年代兴起的建构主义学习理论对我们重新认识运动技能的形成规律有很深的启发。有研究者在对行为主义、认知主义以及建构主义思想的继承和批判的基础上，提出一种新的理论来解释运动技能形成的规律——"建构－行为"运动技能学习理论。在这一理论中，"建构"的含义是：在某一运动技能的学习过程中，个体通过具体的实践活动，主动地对某一运动技能在原有的运动认知结构的前提下进行建构。换言之，运动技能的学习过程是运动认知结构的建构过程，即，在学习运动技能时，个体通过储存在长时记忆中关于运动认知结构的信息，对新的运动技能结构进行选择性的建构。当建构成功时，也就是运动技能的实践活动达到标准时，个体就掌握了某一运动技能，这样新的运动认知结构就被储存下来。"建构－行为"运动技能学习理论中的"行为"的含义则是继承和发展了行为主义理论，认为运动技能的学习是个体在主动对原有运动认知结构建构下的刺激与反应的联结，并强调运动技能本身的结构性。

行为主义和认知主义对运动技能学习理论的解释都是建立在客观主义的角度上的，而"建构－行为"运动技能学习理论是从客观主义对立的角度来论述运动技能形成的规律，它强调学习的主体性、创造性和情景性。"建构－行为"运动学习理论认为，运动技能的学习兼有行为主义和建构主义的倾向，即它在承认运动是刺激与反应的联结的同时，认为运动技能的学习是个体在运动实践中进行主动建构的过程，是个体运动认知结构的不断变化过程。个体在原有的运动认知结构的基础上，通过对新信息的理解和旧有经验的重组和改造，向新的运动认知结构过渡，这是运动认知结构由简单向复杂过渡的过程，是主观建构与具体的操作相符合的过程。在这一过程中，学习者自己对某一动作的建构可能是正确的，也可能是错误的，都通过运动技能的具体实践体现出来，最后通过反馈完成正确建构，实现运动认知结构的飞跃。

"建构－行为"运动技能学习理论从建构主义的教学设计思想出发，比较合理地解释了运动技能形成的本质。当然，该理论还需要实践去证明[116]。

3.3.3 运动技能学习的阶段

运动技能的获得具有阶段性，不同阶段有不同特点，对其特点的分析是评价个体技能水平的主要方法。目前，在运动技能学习领域，主要是依据费茨（Fitts P M）与波斯纳（Posner M I.）的观点将学习过程划分为以下三个阶段[117]：

3.3.3.1 认知阶段（Cognitive Phase）

这是学习新动作的阶段，学习者主要是对动作操作进行认知，如对操作对象的判断、对具体操作方法和过程的理解、对操作结果的评价等。学习者对信息的接受程度是粗放的，接收方式为视觉优于肌肉运动感觉，学习者的神经过程处于泛化阶段，内抑制尚未精确建立起来，技术动作不合理，时机掌握不当，力量控制不好，稳定性差。因此，指导者应采用语言指导、动作示范等方法使练习者掌握大概的动作方式，知觉和理解动作的术语、要领、原理或规则，在头脑中形成关于技能的最一般、最粗略的表象。

3.3.3.2 联结阶段（Associative Phase）

这是认知与运动联结的阶段。学习者已基本掌握动作操作的认知，逐渐向运动方式的组织化过渡。学习者的神经过程逐步形成了分化性抑制，技术动作趋向合理，能根据环境变化的规则掌握适当的时机，生理能量的消耗减少，力量控制适当，预测能力提高，动作连贯性增强，错误的自我觉察能力逐渐增强，对外部反馈的依赖程度逐步降低。在这一阶段，练习者对信息的接受程度转向精细，接受方式是肌肉运动感觉优于视觉。指导者应注重提高练习者的内部反馈，促进其自身觉察错误的能力。

3.3.3.3 动作的自动化阶段（Autonomous Phase）

这是技能形成的最后阶段，技能操作处于一种自动化状态，运动程序已经形成，神经过程的兴奋与抑制更加集中与精确，动作的执行完全由运动程序来控制，心理与机体的能量消耗最为经济；同时，处于该阶段的学习者已形成较高的错误觉察能力，注意范围进一步扩大，动作的视觉控制进一步减弱，动觉控制进一步增强。因此指导者应提高学习者的战略意识和战术思维能力。

根据运动技能学习不同阶段的特点，可以判断学习者的技能水平，并有针对性地制定相应的学习方案以促进学习效率的提高。

3.3.4 影响运动技能学习的因素

影响运动技能学习效率的因素可分为内部因素和外部因素两类。

内部因素主要有学习者的经验与成熟度、智力、个性、动机和运动能力等。其中个体学习动作技能的能力随着年龄和经验的不断增加而提高；另外，运动能力的个体差异可导致技能学习绩效的差异，主要表现为年龄和性别的差异以及同年龄和同性别个体间的运动能力的差异。

影响动作技能学习的外部因素主要有言语指导与示范、练习和反馈。有效的指导要考虑注意和指导线索这两个因素，人的注意容量有限，有效的指导应突出动作的关键和重点；指导应把握好度，过少可能因信息量不足而达不到技能学习的目标，过多则会因记忆容量有限而产生干扰，不利于学习，所以应当使用言语线索将个体的注意指向专项情境中的文脉线索（contextual cues），促进关键信息的获取。在运动技能学习过程中，指导者可以通过多种方式进行言语线索指导。一种方式是示范的同时结合线索指导，以补充视觉信息，有助于集中注意；另一种方式是直接提供线索指导，帮助学习者集中注意于技能的关键部分。练习时间的分配和练习动作的分配对运动技能学习绩效起着重要作用。不同的反馈形式、反馈频率、反馈时机对运动技能学习效果的影响不同[118][119][120]。

运动技能学习研究经常考虑有助于运动程序形成（motor program formation）的变量（即，潜在的熟悉的运动行为），错误–觉察过程的灵敏度（sensitivity of error–detection processes）和动作模式的强度（strength of movement schemas）。运动技能学习是"相对稳定的"，因为需要获得适当的反应能力[121][122]。因此，练习或体验过程中影响行为的那些暂时的过程不应该被认为是学习，而是瞬态绩效结果。因此，运动技能学习的基本行为方法的主要组成部分是练习的结构和给予的反馈。前者涉及时间的操作和练习的组织（可能因为不同的子任务或任务的变化）

以便保留最优信息（常见变异练习），而后者涉及反馈对准备、预期和动作指导的影响。

3.3.5 运动技能学习的评估

3.3.5.1 评估的范畴

评估（assessment）是一个综合性的名词，范围包括三个过程：

（1）测验（testing）：利用工具或特定的步骤，从事系统化观察的资料收集；

（2）测量（measuring）：依据某一规则规定，对物体、有机体或事件的特质，赋予数字符号的过程；

（3）评价（evaluating）：应用测量所得，将之与事前预定的标准作比较，藉以获得合理判定的过程。

3.3.5.2 评估的取向

运动技能学习的评估分为结果（product）取向与过程（process）取向，前者主要指运动绩效（motor performance），后者指运动技能学习。

运动绩效（motor performance）：一个随意动作或运动技能的可观察的结果。一个人的运动绩效水平容易受诸如动机、唤醒、疲劳和身体条件等临时性因素的影响。

运动技能学习（motor learning）：与练习或经验相关的内部程序的变化，这种变化决定一个人产生一种运动技能的能力。探讨促使运动技能得以持久性改变的学习变量，练习带来的改变，包括目标达成的改变（changes in goal attainment）、错误觉察与修正的改变（changes in error detection and correction capability）、动作效率的改变（changes in movement efficiency）、运动学变量的改变（changes in kinetics）等。

在许多方面，运动绩效（motor performance）与运动技能学习（motor learning）是两个很难区分的概念，正如很难回答"先有鸡还是先有蛋？"这个问题一样。每次个体尝试做一个运动技能时，他表现出绩效的某一水平。如果这一绩效代表了这个人大多数时间的行为（不受疲劳、焦虑或厌倦等短时因素的影响），那么它应该表明了个体的学习水平。

然而，运动绩效与运动技能学习的概念之间的确存在一些根本的不同。运动绩效一直是可观察到的，并受很多因素的影响（例如，动机、注意焦点、疲劳、身体健康状况）。另一方面，运动技能学习是一种内部程序或状态，反映一个人当前产生一个具体动作的能力。

对于从业者（practitioners）来说，评价运动技能学习的最好办法就是观察人们的运动绩效，记录他们随着追加练习而发生的系统性变化[124]。

3.3.5.3 评估的设计

通过保持测试（Retention Test）与迁移测试（Transfer Test），区分运动技能学习（Motor learning）与运动表现（Motor performance）。优点是自变量（Independent Variable）与因变量（Dependent Variable）明确，不足之处是，一般由操作绩效来间接推论学习效果。

从保持和迁移角度来看，我们主要关注的是与动作技能习得有关的变量、原则和过程。我们通常在能够熟练操作一项技能时称为"习得"，目的是在将来某个时间、某种强烈的需求要求操作这项技能的时候，我们自己不必再从原始水平重新学习它。这种关于长时间之后技能保持的程度问题，在理论上和实践中都有非常重要的意义。理论上重要是因为我们需要理解运动系统如何构建以使技能在需要的时候产生；实践中重要是因为通常大量时间和精力都投入到技能学习上，而我们需要了解如何避免技能的损失。因此，有必要探讨与保持和迁移有关的经验性关系和原则。

（一）保持和迁移

保持是指操作的持久性或者操作持久性的缺失，一般是从操作层面而非理论层面上来考虑这个问题，它可以提示我们记忆是否已经损失。为了评估保持而进行的测试称为保持测试，一般在一定的保持间隔之后操作，研究记忆或者遗忘的行为学家正是从这些测试中获得的数据而得出各种结论。如果保持测试中的操作绩效与最初学习后即刻的操作绩效一样优异的话，就可以说，没有记忆损失（遗忘）的情况发生。如果保持测试的操作绩效较差，就可以断定，出现了遗忘现象。然而，由于记忆测试（保持测试）是一项操作测试，测试的绩效往往受那些会导致操作产生暂时性变化的变量影响。因此，在保持测试中，操作绩效差很可能是一些暂时性因素所致，例如，疲劳、焦虑等，这样就无法错误地下结论，认为出现了记忆损失。

其实，动作学习和动作记忆是同一问题的两个不同方面，一个是关于技能的获得，而另一个是关于技能的保持。从理论层面上讲，运动技能学习是指运动能力的习得，而遗忘则是指这种能力的损失。在操作层面上讲，学习是通过操作能力相对持久的获得来证实的，而遗忘在此是操作能力相对持久的损失，或者是保持测试中的损失。

迁移通常被定义为从其他任务的练习或经验中获得（或损失）操作一项任务的能力。因此，我们可以问这样一个问题：练习羽毛球这样的技能，会对网球技能的学习产生积极影响还是消极影响呢？如果有羽毛球经验的学习者比没有羽毛球经验学习者的网球操作绩效更好，那么便可以说，羽毛球练习中获得的技能已经迁移到了网球的技能学习中，即，在羽毛球情境中学习到的经验被应用到了网球技能操作当中。

运动技能的迁移理论是运动技能学习的重要基础理论，在教育的体系中，学习迁移原理是课程和教育发展的一个重要的组成部分，因为它为学生运动技能学习的次序安排奠定了基础。同时，迁移原理可以帮助我们理解运动技能学习的过程和运动技能操作的本质过程。

什么是技能学习迁移？研究者通常把它定义为：以前已经学会的技能对新技能的学习或者在新的环境中操作该项技能所产生的影响。这个影响可能是积极的，也可能是消极的，或者没有影响。

运动技能学习的先后顺序主要体现在学习内容安排的顺序，即在不同的学习阶段，学生学习不同的运动技能。对于学习者而言，当他们按顺序学习技能时，应该将学习迁移的原理融会在其中。运动技能与运动技能之间的迁移是比较复杂的，既有直接迁移，也有间接迁移；既有正迁移，也有负迁移。总之，共同要素越多，越容易产生正迁移；基础技术动作越相同，迁移也越大，面也较宽。比如，基础类运动技能是由基本的跑、跳、投等基本技术构成，这些基本的活动技能有利于其他各运动项目的迁移，如足球项目需要跑，排球项目需要跳，网球项目需要上肢的力量等。因此，基础技能的掌握对其他项目的学习迁移就具有促进作用。学习者在学习那些较为复杂的技能之前，应该先学习最基础的基本技能，再学习技能要求高、难度复杂的专项技能，应该有一个合乎逻辑顺序的技能学习过程。教师应该先确定怎样做才能使一项技能的学习有益于其他的技能学习，然后再决定什么时候去教授这项技能[124]。

（二）迁移的研究

1. 迁移实验的设计

关于学习迁移的实验可以采用多种多样的实验设计，但我们在这里不可能对它们一一进行讨论。在所有实验设计中，最简单的一种是，假设有两组被试（第一组和第二组），第一组练习任务 A，练习次数任意，在练习结束后第一组改为练习任务 B。第二组不练习任务 A，单纯从练习任务 B 开始。

你可以想象，任务 A 和任务 B 是任何两种活动，可以完全不同，例如，羽毛球和网球；也可以是形式上略有变化的同一任务，例如，以不同的速度操作转盘追踪任务。这样当两组开始练习任务 B 时，两组间仅有的系统差异就是他们是否在事前有任务 A 的经验。

2. 迁移的测量

可以通过多种方式测量从一项任务到另一项任务产生的迁移的量，但所有这些测量也同样会遇到以前操作绩效测量和学习测量中多次出现的问题，事实上它们更适合用来描述曲线之间的关系，因此，在迁移的实际测量当中并没有非常令人满意的测量方法。

3. 学习的迁移

学习的迁移是指通过某种技能的练习从而促进目标技能的获得。多数情况下，通过练习，学习者将所学到的东西迁移到另外一种目的任务中去。另一个普遍的方法是把练习分解为不同的部分，练习某一部分动作可以迁移到整体动作中。还有一种就是使用各种不同的模拟器，比如使用投掷机来模拟一个"真正的"投手或者使用模拟器来模仿真正的座舱。

技能迁移产生的原理主要分为以下几种理论：（1）共同要素说；（2）概括化理论；（3）格式塔理论；（4）双因素理论。这几种迁移理论有的认为，迁移可以是有意识的，也可以是无意识的，当之前的经验有助于完成之后的某个动作时，就认为产生了迁移。迁移取决于两任务间"共同要素"

的数量[125][126]。运动技能迁移（transfer in sports skill）指已经形成的运动技能对新技能的形成产生积极影响，能促进新技能的形成和发展，也称运动技能的积极迁移或正迁移。

在运动技术学习中，通常会产生三种迁移现象：

（1）两侧性运动迁移（bilateral transfer of sports）：用身体一侧器官进行练习，其练习效果向另一侧器官转移；

（2）语言－运动迁移（verbal–movement transfer）：事先的语言训练的实际效果向技能训练迁移，提高技能训练效果的现象；

（3）运动－运动迁移（motion–motion transfer）：从一个运动技术学习向另一个运动技术学习的迁移。

当两种运动项目动作结构类似、难度相当，两个运动技术之间存在着许多共同要素时，它们就可能产生积极迁移。但是，既然是不同的运动技能，它们必定在某些方面又有不相同的成分。因此，又可能产生相互干扰，即负迁移。在体育教学中，教师必须从运动技能迁移的角度出发，依据运动技能迁移的规律和原则，以教学内容的特点为基础，有目的地选择教学方法和手段，从而合理地利用运动技能的正迁移，消除或尽量避免负迁移的产生，提高学生掌握运动技能的速度和质量[127]。

影响学习迁移的因素很多，从迁移发生的机制来分析，主要有如下因素。

（1）相关性。相关性可以是两个或多个情境之间、事件之间、活动之间的相关，也可以是情感与学习内容之间的相关。研究表明，正是因为这些相关，拓展了大脑保存信息的能力，在大脑的神经元之间形成新的联结，进而对新学习的内容进行编码，促进学习迁移产生，而当情感特别是积极的情感和学习联系到一起时，相关性的作用会更加明显。

（2）相似性。在学习迁移发生的过程中，影响学习迁移的相似性可以是情境的相似、感觉模式的相似和知识技能之间的相似等。两种情境之间的相似是影响学习迁移的重要因素，而感觉模式的相似则是另一种形式。如在日常生活中，人们通常习惯于用红色代表危险的东西。知识技能之间的相似是影响学生学习迁移产生最常见的一种形式，也是在课堂学习中教师最惯用的一种形式。

（3）概念或事物的关键特征。所谓关键特征，是指那些能使某个概念或事物区别于其他概念或事物的独特属性。在学习过程中，如果学生能较好地识别这些特征，就能形成记忆恢复，产生学习迁移。在概念教学中，教师可以利用某个概念和其他概念之间明显的差异来帮助学生促进概念的学习，完善学习过程；还可以帮助学生利用概念的关键特征进行归类，以便根据恰当的提示信息将概念存储在大脑的逻辑网络中，这会强化大脑长期存储记忆器的搜索功能，并能提高精确识别概念的水平。

（4）学生原有学习的程度。学生原有的学习程度是学习迁移产生的重要基础，其往往决定了在新的学习过程中发生迁移的质量。如果学生对早期的学习有着很好的正确理解，它对新学习的影响将是非常巨大的，这会帮助学生取得优异成绩和非凡成就。另外，学习情境也是促进迁移的一个重要方面，要让学生在多样化的情境中学习知识。

3.4 运动技能内隐学习

理论研究与实践应用总是相辅相成的，随着内隐学习理论研究的进展，将内隐学习的原理应用到各方面的研究也逐渐深入。在教育学方面，将内隐学习理论与具体的教育实践结合起来，就产生了各种各样与内隐学习理论有关的教育理论、教学方法和模式。

3.4.1 运动技能内隐学习的起源

内隐学习是指具体的教学实践结合内隐学习理论而产生的一种有规律性的学习模式。内隐学习与外显学习是运动技能学习的两种基本方式。运动技能内隐学习的研究最初起源于健忘症病人的技能学习。健忘症病人虽然不能回忆起刚刚发生的事，但却能够进行正常的动作技能学习。研究表明，健忘症病人在意识明显受损的情况下，仍然可以正常学习动作技能，这意味着动作技能学习可以从内隐学习途径获得。在米尔纳（Brenda Milner）等人的研究中，健忘症病人对疾病发生前的经历保持良好记忆，但不能回忆疾病发生时以及以后一段时间内所经历的事件，但在镜画操作

（mirror drawing）的实验任务中，病人的学习曲线与正常人类似，在转子追踪（pursuit-rotor）和双手跟踪（bimanual track）等其他学习和测验任务中，病人也表现出正常的学习能力。这意味着运动技能学习可以内隐地获得。

尼尔森（Nilsson）等对正常人的运动技能内隐学习进行了研究，结果发现，自然的人类动作的内隐启动是可能的，而不自然的、歪曲的动作没有显示出任何内隐启动效应，这表明受试的运动判断中存在内隐加工。McLeod 和 Dienes 对板球运动员学习抓球进行的研究表明，受试在跑步抓板球的一系列运动过程中，始终保持视线与地面夹角的正切值的变化率恒定，然而受试却对自己序列运动中所采用的规则一无所知，表明受试不知不觉掌握的可能就是"仰角正切匀速变化"这一规则，运动技能可以内隐获得[128][129]。

从 1992 年开始，研究者开始采用内隐学习来解决心理压力下的运动绩效下降问题。研究表明，运动技能内隐学习对工作记忆的依赖是有限的；面对压力时，能够使绩效保持不变；它还有助于腾出注意资源来加工次任务（a secondary task）、可能减少生理疲劳的影响[130][131]。

在运动实践领域，运动技能内隐与外显协同学习的研究多为理论探讨[132]。从 2000 年以后的近 10 年里，国内开始陆续发表关于运动技能内隐学习的研究报道，但大多局限于文献综述的方法。郭秀艳、任杰、章建成、丁俊武总结了运动技能内隐学习的研究范式和优势效应，建议在运动技能的训练中为内隐学习创造更多的条件[133][134]。范文杰对内隐学习和外显学习在运动技能获得中的作用和实质进行了分析[135][136]。他认为，任何复杂的运动技能知识都是通过外显与内隐过程的交互作用而获得的。对于复杂运动技能，尤其是一些开放性运动技能的认知，指导者应让练习者先自己进行一定时间的练习（内隐认知）后，再在适当时机接受外显认知指导和有关技能规律的介绍和点拨（外显认知），既减少了反复"试误"的概率，节省认知时间，又能更好地提高运动技能认知的效果。国内有研究者提出开设隐性体育课程对传统的外显学习进行必要的补充[137]；采用多媒体动态图示引导法、表象练习法和暗示教学法来诱发内隐学习，与外显学习相结合，提高体育教学与运动训练的效果[138]。

3.4.2 内隐学习对运动技能教学的启示

运动技能教学应注重对内隐学习的驱动。与陈述性知识的学习不同，内隐学习在运动技能学习中占有更重要的地位。因此，为了提高运动技能的教学效率，就应该注重内隐学习的驱动。这就需要创设引起内隐学习的情景和条件，而不是直接教授技能的规则和要点；同时，由于运动技能内隐学习的本质就是对肢体与环境交互作用的无意识的凝聚和沉淀，通过这些积累对动作、运动产生潜移默化的影响。所以，加强这种无意识最根本的途径就是不断地产生接触效应，不断地经历、不断地积累，从而使个体在通过肢体与环境作用时产生一种"感觉"或"惯性"[139]。要达到以上目标，就需要做到以下几点：

3.4.2.1 更新教学观念，加强内隐学习的意识

作为学生学习的引导者，教师自己首先应了解内隐学习的重要性、学习内隐学习的理论、加强内隐学习的应用，只有树立起这样的重视意识，教师才可能在自己的技能学习过程中体验内隐学习，从而进一步把内隐学习渗透到自己的教学过程中，改变教学方法，使学生的学习方式产生实质性的改变，否则，对内隐学习的应用只能是流于形式，无法在实际教学中发挥作用。

3.4.2.2 改进教学方法，增强内隐学习的应用

教师应打破传统教学方法的束缚，根据内隐学习的特点改进教学方法，适当减少外显的、直接的指导，增加内隐的指导。对于内隐的指导，可以采用暗示教学和类比教学等方法（见后文中 3.7 运动技能内隐学习新方法的阐述）。在使用暗示教学法时，教师可以通过眼神、手势、特殊语气等表情来强调技能的要点；同时，教师还应以饱满的热情和积极的态度对待所教的技能以及学生，这种非理性的方法往往能比外显指导起到更深刻的作用。类比教学就是指将运动技能所暗含的规则以一个"力学隐喻"呈现给学生。内隐的指导无需教师说明技能的规则，而是通过其他方式来引导，在这个过程中，教师强调重点在哪里比重点是什么更为重要。

3.4.2.3 改进教学手段，激发学生兴趣，促进内隐学习的发生

除了常规的教学外，可以通过多样的教学手段来激发学生的学习兴趣。例如，使用微格教学法，将多媒体的教学仪器运用到课程当中，激发学生的兴趣，促进内隐和外显学习，提高学习效果。

3.4.2.4 开发隐性课程，注重体育文化，加深内隐学习的渗透

对于技能的传授，除了常规的课堂教学外，还可以通过海报、课外小知识等的形式展现，还可以通过布置学习任务，让学生自己去查阅资料等方式，来增加学生接触所要学的技能的机会，尽管学生在此过程中可能并没有有意识地学习，但仅仅是在不同时间、不同地点、不同情境下看到与技能相关的图片、视频、材料，或者只是接触到某种体育的思想、观点，就能够启动内隐学习。推而广之，要创建隐性课程，就要注重体育文化，通过营造一种积极的氛围，创建一种文化，使学生浸润其中，驱动内隐学习，充分发挥内隐学习的优势。

3.4.2.5 勤于技能练习，反复发生内隐学习

在运动技能的学习过程中，内隐学习是处于基础地位的，因此，练习的重要性就不言而喻了。俗话说，熟能生巧，学习者只有通过不断刻苦练习，才能产生"接触效应"（exposure effect：它表明某一外在刺激，仅仅因为呈现的次数越频繁，使个体能够接触到该刺激的机会越多，个体对该刺激将越喜欢），才能在此过程中发生内隐学习，才能使动作技能更加精准、更加流畅，并在体验后慢慢领悟其中的要点，直到能灵活运用。因此，对于学习者而言，勤于练习，是进行内隐学习的核心。

国内关于运动技能内隐学习的实证性研究报道极少。任杰，章建成等采用双重任务的方法，以轨迹追踪任务为主任务、心算报数为次任务，考察通过不同的学习方式（内隐学习、外显学习）和不同的练习策略（分心、无分心）所获得的运动技能在不同应激条件下（低应激、高应激）的学习效果的变化。结果显示，对于复杂的操作任务，内隐学习比外显学习更有效。分心练习所获得运动技能较少受高应激的影响[140]。任杰、章建成等还通过区分动作操作的练习绩效、保持测试绩效和迁移测试绩绩效，发现分心任务干扰的是对知识的表达而不是学习本身；运动技能的内隐学习不需要

或极少需要注意[141][142]。

运动技能内隐性学习概念的掌握是研究内隐学习在运动技能学习中应用的基础，因此对这一概念的界定显得尤为重要。在当前对内隐学习研究的基础上，对运动技能内隐性学习重新定义为：运动技能内隐性学习是一种较少或几乎不使用工作记忆，无意识地获得有关运动技能的相关陈述性知识，并自动对其进行加工、掌握的学习过程。

3.4.3 运动技能内隐学习的研究范式

自 Reber 首次使用限定状态人工语法实验提出内隐学习以来，其研究范式经历了不断的发展和变化。在运动领域对内隐学习研究运用最广泛的是序列学习范式、轨迹追踪范式和双任务范式。

3.4.3.1 序列学习范式（Sequence learning paradigm）

由于序列学习的内隐性问题还存在着很大的争议，Nissen 和 Bullemer 最先采用 STR 任务来探索内隐学习现象的存在，实验中，要求被试用键盘上相应的四个按键（如 Z，C，B，M）对计算机屏幕上出现的星号（"*"）作出快速的反应。被试并不知道这些刺激是按某个固定但不明显的模式依次呈现的（例如，4-2-3-1-3-2-4-3-2-1）。结果表明：经过多次练习之后，不管星号出现的位置是固定模式的还是随机的，被试的反应速度加快，反应时降低了。而之后的问卷测试表明，这些被试并没有意识到刺激呈现的次序性。为了验证这并非由练习效应所引起，在反应时稳定后，改变规则，结果被试的反应时和错误率急剧上升。Nissen 认为被试内隐地学到了刺激的序列性知识，但这种内隐知识是无意识习得的，是不能用言语来陈述的[143]。Nissen 采用序列学习中的系列反应时实验进一步对正常人运动技能的内隐学习进行了研究，结果发现，学习者的运动判断中存在内隐加工。陈玲丽等考察不同运动经历人群的内隐序列学习能力，发现运动员的内隐序列学习能力显著好于非运动员，与运动水平有关，与智商无显著相关；这种内隐序列学习能力可能是某种运动能力的表现形式[144]。

3.4.3.2 轨迹追踪任务（Pursuit-tracking tasks）

轨迹追踪任务是运动技能内隐学习研究中使用较多的实验范式，Pew

最早发表了用轨迹追踪任务范式研究内隐学习的实验报告。实验中，受试的任务是通过操纵游戏杆来控制计算机屏幕上的光点，使其能够迅速地追踪另一个按不同波形移动的目标光点。受试每次都进行 60s 学习，其中前 20s 与后 20s 的目标是随机移动的，而中间 20s 目标以固定的方式移动，但受试并不知道实验的特殊安排。通过一段时间的练习，目标以规则方式移动时，受试的操作明显比随机移动时的操作成绩好。但实验后的询问表明，受试并没有意识到实验的内在规则。可见，受试通过练习掌握了目标移动的内在规则，从而引起了操作成绩的提高[145]。Magill 和 Wulf 等人也采用 Pew 的实验范例对内隐学习进行了更为深入的研究，得出了相同的结论，即运动技能可以在无意识条件下内隐地习得[146]，人能够内隐的获得复杂操作的规则知识而提高对某些技能的操作水平，但他本人并不能很好地意识到对这种技能的掌握[147]。日本学者采用相同范式进行的研究结果发现，内隐学习和外显学习的成绩相当[148]。

3.4.3.3 双任务学习范式（Dual task learning paradigm）

Masters 于 1992 年提出了双任务学习的范式，在实验中要求受试分别使用外显学习策略和内隐学习策略练习高尔夫推杆击球任务，外显学习策略是指向受试传授击球的动作要领，并要求其在练习过程中使用正确的击球方法；内隐学习策略则不向受试传授任何的动作技术，只要求其在练习阶段同时完成"随机字母产生任务"（random letter generation task，RLG），以阻止受试自发形成有关击球任务的外显知识。技能学习阶段结束后，要求受试尽可能详细地报告在练习过程中所使用的方法、策略、技术等。回溯言语报告表明，双任务学习组报告的信息显著少于外显学习组，因此，发生了内隐学习。其他诸如心算报数（counting backwards）、音调计算（tone-counting task）等次任务的应用均是为了占用工作记忆，进而防止学习者获取任何关于技能的外显知识。双任务学习范式的一大不足是内隐学习组的成绩普遍低于外显学习组。Maxwell 在让大学生新手学习高尔夫击球入洞技能的研究中发现，在整个学习阶段，无指导的内隐学习组、同时操作音调计数次任务的内隐学习控制组的绩效始终比接受指导的外显学习组的绩效低。Berry 和 Broadbent 认为，无选择性学习（u-mode learning）与内隐学习类似，比选择性学习（s-mode learning）或外显学习慢。内隐学习包括对所有的动作－结果可能性的编码，提高的绩效是积极结果的缓慢内建，而外显学习有意识地选择积极的动作－结果可能性，避免了消极的动作－结果可能性。Baddley 和 Wilson 指出，外显学习过程的功能形同错误觉察和纠正机制，而内隐学习者因为工作记忆的限制而不能从错误中学习也不能纠正错误，因而无法在随后的操作中避免错误的再次发生，这是造成学习成绩较外显学习者差的原因[149]。Baddley 和 Wilson 用遗忘症个体在无错条件下和有错条件下学习词干完成任务来为他们的解释提供证据。在随后的完成词干任务中，有错条件下的受试绩效显著差于无错条件下受试的绩效。内隐学习者可能无法避免双任务条件下错误的再生，因而在学习和随后的保持测试中绩效差[150]。双任务学习范式的另外一个重要缺陷是不具有实践性，缺乏生态学效应。

3.4.3.4 模拟接球任务（simulated ball catching）

Green 和 Flowers 的一个更引人注意的研究采用了模拟球任务。在试验中他们操纵球的路线特征和它被接住时的最后位置之间可能关系的信息。不给予这些信息的组比给予成功地完成这项任务的关键信息的组有更好的表现。Green 和 Flowers 把外显组较差的表现归结为"努力和忧虑"的记住指示，并试图将其应用。这一信息引起外显组使用更多地认知资源，导致表现的下降[151]。因此，一种内隐模式的学习对获得最成功的结果可能是最可取的。

3.4.3.5 冲浪游戏稳定性量测仪（stabilometer surfing）

最近，Shea 等人等人创建了一个需要在稳定计上控制自己的动作，同时要遵循一个具体模式的复杂任务。他们的目的是检验在一个复杂的类似冲浪的任务中具有限制作用的特征或潜在的规则是否可以内隐习得且用一种内隐模式习得是否比一种外显模式更有效。在实验 1，一个重复模式被插入到每次练习测验的 3 个部分中的第 2 个，而第 1 个和最后一部分的目标模式在每次测验中都是不同的。结果支持了在复杂的任务中重复的模式是内隐习得的。更多有趣的是，Shea 和他的同事在实验 2 中使用了在每次测验中第一部分和最后一部分是重复模式。被试只被告知每个测验的一部分的规则性（第一或最后）。他们假设认为给予这个外显信息是有用的。然而，在保持测试中，被试在外显获得的部分的表现比内隐获得的部分表现差。作者因此说，在一项复杂的任务中，在控制自己的动作时自觉地用外显信息，由于高的注意要求使得被试的表现变差[152]。

综上所述，诸多证据表明，被试可以内隐地学习一些运动规律，除了上述列出的几种外，还有重复运动模式、高尔夫推杆等[153]。但是当前的关键在于这些测试仅仅局限于实验室条件下，测试都是在人为设置的情境当中进行的，在运动的具体项目上运用得还不多。随着内隐学习研究的进一步深入，研究者开始采用现实情景对运动技能内隐学习进行研究。

3.5 运动技能内隐学习的优势效应

研究结果表明，与外显学习相比，在特定条件下，内隐学习具有无可比拟的优势，具体表现在以下几个方面：

3.5.1 有利于复杂技能的掌握

Masters 提出，在事物结构高度复杂、关键信息不明确、多变的环境下（特别是开放性的运动技能的学习），内隐学习策略至少与外显学习策略一样有效，有时内隐学习可能更有效[154]。在快速反应任务中，内隐习得的知识比外显习得的知识更坚稳。Hardy 等人、Magill 等人采用规则重复概率不同的轨迹追踪任务对不同学习方式的学习效果进行了探讨，结果发现，在众多运动技能学习领域，在高重复概率的条件下，内隐学习至少与外显学习一样有效。但在规则模糊的条件下，内隐学习比外显学习更有优势[155][156]。Mullen 采用双任务学习范式对高尔夫推杆击球技能进行的研究也证实了 Masters 的结论[157]。

实际生活中的运动技能都是相当复杂的，内隐学习可能更有助于复杂技能的学习和掌握[158]。

3.5.2 具有抗应激性

Masters 最早采用双任务学习的实验范式，对应激条件下运动技能水平下降现象进行了研究，结果表明，外显学习组在应激条件下的技能操作有不连贯或中断现象，而内隐学习组的技能操作仍能持续进步。Maxwell 的研究结果表明，在心理压力下，高尔夫新手通过外显规则习得的推杆任务发生"卡壳"（choking）现象，而那些内隐学习者的绩效则没有受到破坏，表明在应激与分心任务等条件下，通过内隐学习习得的技能比外显学习习得的技能更稳定（robust）、更有适应力（resilient）[159]。据此，Masters 提出，在把生手训练成专家的过程中，把外显学习降低到最低限度，练习者可能会较少出现压力情境下的技术中断情况。Poolton 等人采用无错学习的实验范式，发现在高尔夫推杆击球入洞（golf putting）技能学习的初始阶段，认知负荷对外显学习组的技能操作有不利影响，但对先内隐后外显学习组的技能操作却有益处[160]。任杰、章建成等的研究结果显示，分心练习条件下内隐习得的运动技能较少受高应激的影响。Mullen 等人采用双任务实验范式，进一步证实了内隐习得的运动技能具有较强的抗应激性，这为开发和利用运动员的心理资源和脑潜能提供了广阔的前景[161][162]。

3.5.3 有利于多种技能的同时操作

实际生活中，人们经常可以"一心二用"，比如漫不经心地骑自行车、边下楼梯边发短信等。这是因为，其中的一项动作技能已达到熟练技巧程度，即达到自动化。内隐学习是一种自动化的信息加工过程，外显学习则是一种控制化的信息加工过程。Schneider 和 Shiffrin 认为，控制过程的容量是有限的，需要有意注意的参与，且能在多变的环境中加以灵活运用；而自动化加工的容量是无限的，无需有意注意，一旦形成就很难改变。自动化过程是一种快速的并行传入过程，而控制过程是一种缓慢的串行传入过程；自动化过程不耗心神、容量无限，而控制过程耗费心神、容量有限。研究者指出[163]，内隐学习能自发进行，无需主体的意志努力，心理资源无限，节省了注意心理资源，有利于多种技能的同时操作[164]。赖勤，Ronald J.Benedict，Xiaofen D.Keating，Attila J.Kovacs 通过实验法，36 名受试被随机分为内隐学习组或外显学习组，要求所有受试通过敲击一个键盘上的 F 和 J 键，来移动计算机屏幕上的横杆，去接住一个下落的小球。一个固定的 5 种小球下落曲线的系列被安插在每组 15 次练习的中段，同时，实验参加者需要数每组练习中所听到的嘟嘟声的数目，以作为第二项任务。在掌握该技能后的 24 小时进行 3 次保持测验。ANOVA 分析发现，固定小球下落曲线段的接球成绩随着练习的增加而提高，但是练习对随机段没有作用。尽管两种练习条件下，运动技能学习成绩没有差异，但内隐学习组比外显学习组在模拟接球的保持测试和第二项任务中表现较准确。这些结果显示，内隐学习是一个改善运动技能长期记忆的有效手段，并且与外显学习相比，它在练习中占用较少的认知资源[165]。

3.5.4 保持的时间更久

与外显学习相比，通过内隐习得的技能保持的时间相对较长。内隐学习的这些优势效应启示我们：掌握运动技能时，应尽量使用内隐学习方式而不是外显学习。柳靖宇采用教学实验研究法，以幼儿大班学生和大学一年级学生为实验对象，运动双因素 2×2（不同年龄、不同教学主导）的实验设计考察运动技能内隐学习与外显学习遗忘进程的差异性。使用再现测量法分别对被试进行学习后的第 1、2、6、31 天进行被试运动技能记忆保持量的测试，得出的数据以百分比的形式绘出遗忘曲线[166]。结果发现：（1）幼儿阶段运动技能内隐主导学习与外显主导学习效果存在显著性差异。幼儿运动技能内隐主导学习的能力强于外显主导学习，运动技能的记忆保持效果也比外显主导学习记忆保持效果好；（2）大学生阶段运动技能内隐主导学习与外显主导学习效果在长期记忆效果中存在显著性差异。大学生在运动技能学习完成初期两种主导学习不存在差异，在记忆后期，内隐主导学习表现出强于外显主导学习的记忆保持效果；（3）运动技能内隐主导学习不受年龄因素的影响。由于人们成长学习过程中，以外显主导学习为主，使得外显学习能力随着年龄的增长而提升，所以运动技能外显主导学习受到年龄因素的影响，年龄越大运动技能外显主导学习效果越强；（4）内隐主导学习具有高度的个体差异性，内隐学习的能力决定了内隐学习的效果。内隐学习并不适用于所有人，让内隐学习能力差的个体使用内隐学习将会得到适得其反的效果；（5）本研究得出的遗忘曲线与经典的艾宾浩斯遗忘曲线相同，与许尚侠的运动技能遗忘曲线存在着显著性差异。这说明运动技能的学习也呈现出先快后慢的"L"型遗忘曲线，由于运动技能具有动作的连贯特性，因而运动技能记忆的保持量高于艾宾浩斯的"无意义音节"的保持量。总之，内隐学习方式并不能在学习过程中独立存在，需要与外显学习共同发挥作用。但在两个不同主导学习的影响下运动技能遗忘曲线的特征仍然缺乏比较完整的研究，关于长时间不同主导学习后对不同运动水平、不同项目、不同性别的遗忘特征的影响还需进一步完善。

3.5.5 更有利于复杂情境中的决策

Raab分析了内隐学习与外显学习对球类运动战术决策的不同影响。他提出，通过内隐学习习得的决策是复杂程度低的情境中更有利；通过外显学习习得的决策在复杂程度高的情境中更有利。他在手球、篮球和排球运动中进行了复杂程度高、低不同的四个实验。结果表明，复杂程度低的情境中，内隐学习者的绩效优于外显学习者的绩效；在复杂程度高的情境中，结果正相反。在具体的运动情境中，这些研究结果与最近的研究结果一致，说明了人类行为的生态合理性。研究结果被应用到球类运动的训练实践中[167]。

马爱国和丁焕香使用目前最有效的强分离程序 – 匹配（内隐学习）和编辑（外显学习）研究范式，抽取大二普通系学生 120 名，采用 3×2 随机设计方差分析。探讨篮球战术决策获得过程中，内隐学习与外显学习的关系及情境复杂性对内隐学习与外显学习的影响效应。结果显示：在篮球战术决策获得过程中，内隐学习和外显学习及混合学习均显示出显著的绩效，并且内隐与外显学习相结合产生了促进、协同效应。在篮球战术决策获得过程中，研究发现内隐学习和外显学习与情境复杂性有交互作用，即在低复杂性情境下，内隐学习优于外显学习；高复杂性情境下，外显学习优于内隐学习。作为篮球战术决策研究指标最有效、可靠的是决策正确性和决策速度，决策自信心水平作为协变量在实验中没有影响篮球战术决策[168]。

运动技能的内隐学习在现象学上主要表现为自动性、强健性和抗干扰性等特征。以基底神经节、联合区、额叶、海马等部位所组成的自动加工域可能是其产生的生理基础，对人感官接受的信息以无意识的形式被阈下知觉所"凝聚和沉淀"是其产生的心理机制。内隐学习在外显学习系统机能产生之前就已存在，是生物进化的结果[169]。贾志明在前人的研究基础上，模仿轨迹追踪实验，设计了一个轨迹追踪点击实验，旨在验证复杂情境下运动技能内隐性学习的优势效应。以华东师范大学体育与健康学院 16 名硕士研究生（男生 10 名，女生 6 名，年龄在 23 到 26 岁之间）为受试，分成 2 组：外显组和内隐组，并对其进行了不同的控制，实验任务为小红方块轨迹追踪点击。结果表明：（1）在动作技能的学习过程中，外显学习和内隐学习都可以使学习成绩提高，二者在成绩提高幅度上没有本质的差异；（2）无论是外显组还是内隐组，被试的操作成绩与学习时间成正相关；（3）男女被试在动作技能的学习阶段，成绩差异不具有显著性；（4）在复杂情境下，即在第二任务的分心干扰下，内隐组被试依然可以保持原有的操作水平，而外显组操作成绩明显下滑，两组操作成绩差异存在高度的显著性。

隋红通过对内隐学习的基本特征的分析，认为内隐学习比外显学习更具有可持续发展运动技能的优越性；同时指出了内隐学习和外显学习在运动技能学习中的相互协同作用，两者在一定条件下可以相互转化[170]。付杰采用实验教学法，研究篮球单手肩上投篮的拨指动作对铅球出手拨指动作的迁移作用。将 30 名新手分入外显学习组和内隐学习组，学习铅球技术动作。结果发现，运动技能迁移的过程依然遵循技能学习的主要方式，从内隐学习到外显学习的转变。在运动技能的学习过程中，合理选用教学方法，对没有类似经验的学生，最好采用外显学习方式，详细地讲解剖析动作结构；而对有类似动作学习经历的学生可以采用内隐的学习方式，通过示范和引导教学来通过教学效率[171]。

3.6 运动技能内隐学习的新方法

最初的运动技能内隐学习研究大都是在实验室条件下进行的，缺乏生态学效度[172]。例如，最早的研究中，为确保被试不依赖言语或分析系统，要求被试在练习高尔夫击球入洞技能时，随机生成并说出字母，以便占用工作记忆，阻止学习者获得任何有关技能的外显知识。但结果表明，内隐学习组的绩效普遍低于外显学习组。显然，在教学和训练等实践领域，这些方法往往不太实用，学习者会感到困惑并降低其学习动机。显而易见，寻求更实用的内隐学习方法，将内隐学习的优势效应落实到具体的体育教学、运动训练以及全民健身指导中，使学习者更快、更好地掌握运动技能，成为亟需研究的内容[173]。近年来，在运动技能学习领域，国外出现了无错学习、外在注意焦点和类比学习等内隐学习新方法，探讨内隐学习在实践领域中的作用及其应用效果。这些实用又具有内隐学习优势效应的学习方法，将为提高体育教学与运动训练效率提供参考，对这些方法进行探讨以提高内隐学习在实践领域中的应用效果具有一定的现实意义[174][175][176]。

3.6.1 无错学习（Errorless learning）

无错学习并非字面意思上的不犯错误，而是将出现错误的概率降至最低，尤其是在学习初期。无错学习源于 20 世纪 60 年代的心理学研究，是一种数百年来沿用至今的教授人们新技能的方法，即先易后难，在学习过程中，试图控制学习者的环境以防止错误的发生；如果不能达到全部无错，至少实现大部分无错。通过减少错误，使形成并检验假设的可能性降低，进而避免陈述性知识的增多。Maxwell 及其同事首次进行了无错学习的研究，在高尔夫击球入洞的技能学习中，无错组被试从距离洞口 25cm 处开始推杆击球，然后慢慢后移至 200cm 处，每次递增 25cm（在每一距离处进行50 次练习）。作为对照组，有错组被试从距离洞口的最远处开始击球入洞，然后慢慢移近洞口。与无错组被试不同，有错组被试在学习阶段初期出现较多错误。随机从不同距离击球的一组作为控制组。对任何一组都不给予任何言语或身体动作的指导。本研究最重要的一个结果是，在数音调（tone-counting）的次任务（出现高音和低音，要求被试只数高音，通常是作为评估主任务注意需求的手段。如果被试依赖工作记忆资源完成击球入洞主任务，就没有足够的注意资源分配到数音调的次任务中）中，无错组被试的绩效水平维持不降；有错组和随机组被试的绩效明显下降。研究者由此得出结论，与早期研究中的内隐学习者一样，无错组被试获得技能时，对工作记忆的依赖程度降低了，因而具有抗干扰性[177]。

至此，大多数实践者可能会感到困惑：今后到底要不要对学习者进行指导？更重要的是，又怎么能长时间阻止学习者获得指导？毕竟，每个人都不可避免地接触技能信息，这是教授新动作时我们通常做的首要事情之一。这项研究是否表明，希望传授多年智慧和专长的教练已经过时了？为解决这一问题并进一步强调无错学习是一种传授运动技能内隐学习特点的有效方法，Poolton 及其同事进行了研究。在第一次练习前，一组被试接受一套准确击球入洞的言语指导；另一组被试在完成 150 次练习试验后才接受相同的指导（前人的研究表明，从 25cm、50cm、75cm 的距离推杆击球入洞使错误率急剧下降，因而是无错学习中"错误最少"的部分）。随后，当两组被试进行数音调的次任务时，一直接受指导的被试击球准确性下降，而刚开始未接受指导的一组被试的绩效未下降。这表明，作为一种学习方法，即使结合了以前研究中表明有害的外显"规则"，无错学习依然具有积极作用。唯一的要求是，被试应在进行了一段内隐学习之后（如本研究中的无错学习），再接受这些规则。结果表明，在技能学习初期，无错学习最重要；如果在随后的学习过程中采用言语指导，无错学习也不会受到不良影响。被试在进行了一段无错学习之后再接受外显规则，内隐学习依然具有积极作用。

作为一种实用的内隐学习方法，无错学习的发展非常顺利。最近的研究发现，无错学习还有一个益处未得到早期研究的验证。Poolton 等人考察了生理疲劳对橄榄球传球技能的影响。和早期研究一样，无错组被试从目标近处开始练习，逐渐后移，而有错组被试从远离目标开始练习，逐渐移近目标。不过，这次两组在练习距离上没有任何重叠：无错组从 1m 移到 3m，有错组从 6m 移到 4m。他们都在 3.5m 处接受测试，考察两组间可能存在的差异。测试前，被试完成两组 30 s 的全力冲刺跑以诱发无氧生理疲劳。在疲劳状态下，无错组被试的绩效未受影响，而有错组被试的击球准确性显著下降。虽然不能明确地说生理疲劳和心理压力一样对完成动作产生破坏作用，但生理疲劳的确是许多运动员在比赛中必须克服的难题；这也较好地启示我们，无错学习使个体在生理疲劳时也能保持绩效。

有研究者正准备验证心理压力对无错学习的影响。如前所述，内隐学习的特点对压力条件下的绩效有利，但未提及对运动技能保持的影响。保持测试是较好地评估学习绩效的常用方法，但各种运动技能内隐学习方法（包括无错学习）并未在延迟的保持测试中得到检验。主要是在即刻保持测试中（通常是在练习阶段结束后大约 15 分钟）评估运动技能内隐学习，而对已有学习进行评估的更好指标是个体在足够的无练习时间后（通常至少 24 小时）完成任务的绩效。此外，由于无错学习中采用由易到难的组块练习，这似乎不适用于随机的变异练习。

3.6.2 外部注意焦点策略（External focus of attention strategy）

通常人们在学习一项新的运动技能时，会因为注意力的集中方向而影响学习的效率，我们把在学习过程中将注意力集中于该动作本身的结构、完成方式、行进路线等情况称之为"内在注意焦点策略"。

在学习一项新的运动技能时，学习者没有将自己注意力集中到所学动作的本身构成、动作的运行轨迹等方面，而是集中于该动作完成的效果，所要达到的目标上的情况称之为"外在注意焦点策略"。毛景广、朱天明和苏江回顾了在运动技能学习过程中有关教学指导和反馈方面学习者注意力焦点效果的研究，总的来说，这些研究包括三个方面，即意识策略、非意识策略、外在注意力焦点策略[178]。从 1998 年起，Wulf 及其同事一直在研究诱发学习者外部注意焦点的指导方法的优势效应。简言之，就是让学习者集中注意于动作的结果而不是动作本身。学习者集中注意于动作本身时，被称为内部注意焦点。与运动技能内隐学习非常相似的是，这种外部注意点被认为可以阻止学习者过多考虑技能的循序渐进机制，从而使动作更加自动化。此外，另一项研究突出强调工作记忆增多的有效性，来对比内部注意学习者和外部注意学习者在音调计数次任务下的表现。和以前一样，外部注意组的操作不受额外任务负担的影响，而内部注意组发生了显著的降低。在 Wulf 等人的一项研究中，两组被试接受两种不同的指导学习高尔夫击球入洞。告诉外部注意焦点组被试集中注意于球杆的挥动，而指导内部注意焦点组被试集中注意于自己手臂的挥动。在练习阶段和保持测试中，外部注意焦点组被试的准确性显著好于内部注意焦点组[179]。指导语措词上如此小的差异对被试所学技能的保持绩效造成了很大影响，类似的结果已被排球发球、足球的吊球以及模拟滑雪等各项目的研究结果所证明。

王森从注意焦点的角度出发，采用教学实验法，验证内外注意焦点在网球这个开放性运动技能学习中的作用，通过改变学生学习开放性运动技能时注意焦点的集中方向，探讨这种教学方法在普通高校网球课教学中的适用性与科学性，以期提高运动技能学习效率。结果发现：（1）在高校网球教学中，外在注意焦点策略指导下的初学者的学习效果好于传统教学法和内在注意焦点策略指导下的学习效果。但由于其对动作的精确度和完整度要求不高，在技术提高的过程中，需要巩固和完善技术动作的稳定性和规范性；（2）在教学方法上，外在注意焦点策略更适合于集体教学，学生有充足的触球机会，能快速体会到击球的乐趣，不用花费太多时间在动作的熟练上，进而提高学生的学习积极性和学习效率；（3）在实验过程中，实验组和对照组学生在注意力的广度和稳定性方面都得到很大的提高，实验组明显优于对照组。结果表明，外在注意力焦点策略对开放性运动技能的学习也有同样的促进作用[180]。

我们需要对外部注意焦点这种学习方法的应用作一下解释。乍一看，读者可能认为，为了精确诱发外部注意焦点，必须给学习者呈现一个外部线索。事实并非如此：在注意焦点的许多研究中，被试接受完整的动作基本规则讲解，通常不可避免地包含内部和外部指导（如 Zachry 及其同事采用的篮球罚篮指导）；指导者也会增加示范，使指导对学习者更加有意义；接着利用焦点线索增强那些强调技能外部关键成分的常规指导语。这样，外部注意焦点策略使学习者集中注意于唯一的动作成分，实际上使他们不受技能的循序渐进指导语的影响，同时使运动系统的加工和执行不受意识的干预。相反，内部焦点指导使学习者集中注意于至少一个动作步骤，使运动系统无法进行自组织（self-organize）[181]。

与无错学习一样，外部注意焦点策略对工作记忆的依赖是有限的，这与运动技能内隐学习相似。Wulf 及其同事首次对此进行了研究。在稳定计上完成平衡技能时，与内部焦点组被试相比，外部焦点组被试在保持平衡时犯的错误更少、更小；外部焦点组被试的注意资源更丰富。探针反应时测试中，被试通过手动按钮尽快消除随机出现的音调。如果被试分配到次任务上（对探针做出快速反应）的注意资源越多，操作主任务（保持平衡）所需的注意资源就越少。结果是，外部焦点组被试不仅完成难度大的平衡技能的绩效明显更好，反应时也明显更快。这表明，与内部焦点组相比，外部焦点组被试较少依赖工作记忆。另一项研究中，在完成数音调次任务时，与内部焦点组相比，外部焦点组被试可资利用的工作记忆更多。与前人研究结果相同的是外部焦点组被试的绩效未受次任务负荷的影响，而内部焦点组被试的绩效遭到显著破坏。这表明内部焦点组被试生成了大量陈述性知识（即在压力或其他不利的任务条件下可再投入的"规则[182]"）。

目前国内关于运用不同注意焦点学习不同性质运动技能的实证研究结果存在分歧。张铎检验了不同注意力焦点的指导对研究生新手学习乒乓球反手推球技术时的击球准确性进行了考察，发现，把注意力集中到动作的效果（外在注意力焦点）上比注意集中到动作本身（内在注意力焦点）更能促进动作技能的学习和表现。这是因为在开放性技能学习中，学习者需要同时注意多个方面而造成注意力资源不足，因此有效地减少初学者在动作执行中的注意力消耗是有效地促进动作技能学习和表现的关键。根据"限制行动假说"（Constrained action hypothesis）的理论观点，运动中采用内在注意力焦点策略将干扰运动过程中的自动化控制系统的正常调节；采用外在注意力焦点策略将使运动系统更加自然地自我调节和组织。认知心理学认为，在动作运行的过程中，控制过程是缓慢、系列的（一次一步）、有意识的、需要注意力资源的，而自动化过程是快速的、平行的（也就是两个或者两个以上动作可以同时进行）、无意识的或者自发的不需要注意资源的。采用外在注意力焦点的被试要比采用内在注意力焦点的被试在动作学习时需要更少的注意力资源，外在注意力焦点学习策略"节省"了注意力资源。但是，黄竹杭等人检验了不同注意焦点策略对大学生初学者学习足球项目中脚背内侧踢移动球的绩效，结果发现内部注意焦点更能促进其学习。在技能掌握期间，只有那些能够增加学习者认知努力的练习才会有效地促进初学者学习。在外部注意焦点下，初学者完成动作时所需的注意负荷较少。在内部注意焦点下，由于初学者在技能掌握阶段需要较多的注意，且不断地探索改进动作的方法，使该组初学者在长时记忆中产生较深刻或较正确的踢球动作表象[183]。针对"动作限制假说"是否适用于开放式运动技能、以及该假说的生物力学基础等问题，黄竹杭、李高峰、赖勤、杨雪芹以 14 名北京体育大学校队队员为受试者进行实验。结果表明：外部注意焦点指导促进高水平选手开放式运动技能的动作表现，而内部注意指导则阻碍其动作表现。生物力学图像解析的数据也表明，在外部注意焦点指导下，高水平选手不同动作间的髋－膝、踝－膝协调模式一致性更高，说明外部注意焦点指导能够促进高水平选手更加稳定地完成开放式运动技能[184]。谭嘉辉、黄竹杭、赖勤采用实验法，调查注意焦点反馈对不同性质任务（认知技能和运动技能）学习的影响。研究中设计了两个实验：计算机模拟和足球教学实验。计算机模拟实验中的 68 名大学生进行了包含 7 个组块的 1 次课的任务练习，两天后进行保持测试；而足球教学实验中的 48 名大学生进行了 3 周 6 次课的任务练习，1 周后进行保持和迁移测试。两个实验的参与者都被随机分为外部注意焦点反馈组和内部注意焦点反馈组。技能掌握阶段，两个实验都按 33% 的反馈频率向参与者提供注意焦点反馈，但保持和迁移测试阶段无反馈。结果发现：（1）两个实验的技能掌握和保持测试阶段，内、外部注意焦点反馈对两种性质任务学习的影响差异显著；（2）足球教学实验的迁移测试阶段，内、外部注意焦点反馈对足球技能学习的影响差异显著。得出的结论是：（1）在技能掌握和保持测试阶段，外部注意焦点反馈更有利于提高初学者开放性认知技能和足球技能的表现；（2）在迁移测试阶段，外部注意焦点反馈更能提高初学者开放性足球技能的表现[185]。

上述张铎和黄竹杭等人的研究结果的差异可能与学习者的技能水平不同有关。为此，陈靓以羽毛球发球作为实验任务，进一步观察不同注意指向对不同水平（高／低）羽毛球运动员发球绩效和肌电活动的影响。动作准确性结果表明：高水平运动员注意指向内部时，自动化控制过程受到干扰，发球准确性比注意指向外部时低；而低水平运动员注意指向内部时，尚未达到自动化的动作由于意识的参与更加协调、规范，因此发球准确性比注意指向外部时更高，也更有利于动作技能的形成与巩固。肌电活动结果表明：高水平运动员注意指向内部比注意指向外部时的积分肌电更高，这说明被试将注意指向外部时，执行动作遵循"经济原则"，即少用力却更好地完成了任务。运动员注意指向内部比注意指向外部的肌肉激活时间更少，这说明注意指向自身动作时，即有意识地控制与发球动作相关的肌肉，肌肉被提前激活，破坏了原有的节奏，引起肌肉僵硬，动作不协调[186]。

神经生理学领域另一项关于外部焦点策略对运动技能学习的影响的研究采用肌电（EMG）观察内部与外部焦点任务中的肌电活动量，认为肌电活动量可以表明完成任务时，肌肉的活跃程度。在双手弯举活动的研究中，外部焦点组被试集中注意于棒而内部焦点组被试集中注意于自己的手臂。实验1中，外部焦点组被试的肌电出现下降，动作速度更快。实验2中，研究者用节拍器控制动作速度，但仍看到外部焦点组的肌电活动量下降。在篮球罚篮命中率的研究中，外部焦点是篮筐的边缘（结果目标），内部焦点是手腕的前屈。有趣的是，这一次由于不直接参与手腕前屈的肱二头肌和肱三头肌活动的减少，外部焦点策略对降低肌电活动的影响似乎遍及整个运动系统[187]。这两项研究都发现外部注意焦点者的肌电活动明显下降，这是动作模式更加节省化（以较少的肌肉活动达到相同结果）和自动化（或者说，较少依赖工作记忆的模式）的标志。尤其是在那项篮球研究中，动作模式更加自动化的标志是肱二头肌的肌电活动明显下降，与抵消的肱三头肌活动不一样多，因此，不会限制肘关节的灵活性。

迄今为止，外部注意焦点策略被认为是一种不错的学习方法，其手段是外显的，但具有内隐特征，能显著提高运动技能的保持绩效。谭嘉辉等用元分析的方法调查了注意焦点对运动技能学习的影响，研究对象是已发表的和未发表的（学位论文、会议论文）且以 SCI 和 SSCI 为主的关于注意焦点对运动技能学习影响的 57 篇英文科学文献。结果发现，整个研究的效果量值是 ES = 0.617，这表明整个研究中外部注意焦点指导或反馈对运动技能学习的影响优于内部注意焦点；影响效果量的因素显示，组间设计和组内设计的效果量值间无差异，并且参与者类型之间的效果量值也无显著差异，但与内部注意焦点相比，不同实验任务的学习受到外部注意焦点的指导和反馈影响的大小不同；外部注意焦点优势和内部注意焦点优势之间效果量值的差异显著，其中外部注意焦点优势占了整个研究的74.6%，而内部注意焦点优势占了整个研究的25.4%，说明外部注意焦点优势在整个研究中发挥了主导的作用。结果表明，与内部注意焦点相比，外部注意焦点有利于运动技能学习[188]。心理压力情境下，外部注意焦点策略的可靠性如何？有人对此进行了研究，在骑脚踏船的动力平衡技能研究中，与内部焦点组相比，外部焦点组被试在压力情境下绩效更好，但研究者不确定他们的压力处理（尽快踏）是否有效。若想充分解释外部注意焦点策略使心理压力条件下的绩效不受破坏，这一问题尚需进一步的研究。

3.6.3 类比学习（Analogy learning）

无错学习带有内隐特点，经过最初一段时间的错误练习之后，可以补充指导；外部注意焦点策略的内隐特点也已无数次得到证明，是保持运动技能的较好方法，但这两种方法都不能证明心理压力条件下绩效保持稳定。另外，这两种方法限制教练或指导者不作任何指导或只对具体的任务外部成分作出指导，这使他们可能有一种置身于学习过程之外的感觉。于是研究者们寻求更实用的运动技能内隐学习方法。康德说过，"每当理智缺乏可靠论证的思路时，类比这个方法往往能指引我们前进[189]"。类比是认知的核心，是先驱者探索未知领域的工具，是引导学习者认知和理解的重要工具[190]，在许多领域已得到广泛认可。Newby 和 Stepich 提出，类比已成为教育中一种被广泛应用的指导工具，"类比通过帮助学习者产生原型替代概念来促进抽象概念学习[191]"。

3.6.3.1 类比学习的含义

类比（analogy）一词源于希腊语，意为"according to ratio"，强调的是基于相似性的比较。所谓类比，即类比推理，是知识从一个已知领域（源领域，base domain）向另一个有待认识的领域（目标领域，target domain）的映射，如果源领域情境中事物之间的关系也存在于目标领域情境的事物中，类比便有可能发生[192][193][194]。当运用类比推理的方法来解决问题，即把某一领域中先前获得的知识或解决方法（源问题）迁移到另一领域中用来解决新问题（目标问题）时，就是类比问题解决，又称之为类比迁移[195][196][197]。在迁移之前，需要对两个领域的事物进行比较，找出它们在某一方面或某一个抽象层次上的相似关系，并以此为根据，由已知的知识系统（源领域）推导到预知的知识系统（目标领域），从而获得或理解知识的过程，这就是所谓的类比学习[198]。卢明森指出，"所谓类比，类比也叫打比方，就是对两类不同的事物，在比较的基础上，找到、抓住它们之间的相似之处，以此为根据，将关于一类事物的知识，迁移、推广至另一类事物上去的思维活动[199]。

学习不仅仅是简单地增加新知识或掌握某一抽象的规则，有效的学习经常依赖于我们从记忆中提取相关的知识和技能，并在此基础上学习新的知识和技能。而类比学习就是一种建立在过去经验法则上的学习方法[200]，它在理论和实践之间架起一座桥梁，被广泛应用于人工智能、教育和运动领域。因此，对于类比学习的研究必然会对学生学习、教育的改革发挥重要作用[201]。

类比学习是学习新技能、培养创造性的一个重要途径，通过隐喻（metaphor）生动、形象地描述现象、阐述问题、揭示规律。隐喻在人们日常的言语交流、问题解决中无处不在，其研究源远流长，传统的隐喻研究主要局限于修辞学。20世纪70年代以后的隐喻研究呈现出一种多角度、多层次和多学科的多元化态势[202][203]，目前隐喻的研究已从传统的修辞学进入当代的认知科学[204]。随着认知科学和脑科学的发展，隐喻作为认知手段的本体地位已逐渐为学术界所公认。对隐喻进行定义涉及对隐喻的本质的认识，不同学者从不同角度对隐喻进行了界定。《辞海》将隐喻定义为比喻的一种[205]。陈玉燕对隐喻的界定是：借用人们更为熟悉、更明显或更形象的符号，来表达另一种思想，前者一般称之为"喻体"，是需要解决的目标问题；后者一般称之为"本体"，也叫源问题[206]。喻体和本体之间的相似性称为喻底（ground），如"动若脱兔"的"动"[207]。喻底的特征之一是模糊性，同一运动技能类比的喻底不是唯一的，不同主体对喻底的取用不同，甚至会呈现一种多解状态。因此在类比学习过程中，主体往往要点明具体的喻底，以便客体掌握喻底的意义。

隐喻就是把看似属于不同范畴类型的概念连接起来，以达到突出或强化本体的某些特性或关系的目的，它是人类将其某一活动领域的经验用来说明或理解另一类活动领域感受的一种认知活动。正如考恩所言，隐喻"渗透了语言活动的全部领域，并且具有丰富的思想历程，它在现代思想中获得了空前的重要性，它从话语的修饰边缘地位过渡到了对人类的理解本身进行理解的中心地位"。

在类比的应用过程中，要根据本体的不同阶段，有侧重地点明具体的喻底。本体只有一个，往往是较深奥、抽象、不易明白的概念、逻辑、机制、操作等，仅靠直接讲述往往是不够的。喻体可以有一个或多个，用以使抽象的信息变得具体生动、清楚明白[208][209][210]（如图3-4所示）。

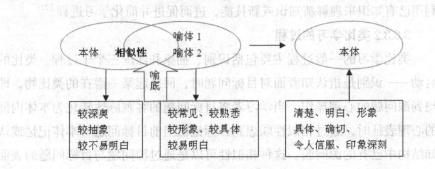

图3-4　隐喻的作用机制

从隐喻的表现形式可将隐喻分为"显性隐喻"和"隐性隐喻"。显性隐喻即人们通常所说的明喻（simile），其特点是明确说明本体和喻体是一种对比关系，常用"像""好像""好似""像……一样""如……一般"等喻词来联系，汉语中的典型形式是"A（本体）像/如B（喻体）"，如太极拳中的"迈步如猫行"等。隐性隐喻又叫暗喻，有时喻词出现，常用"是""就是""成了""成为""变成"等表判断的词语来连接本体和喻体，最常见的是名词型暗喻，典型的格式是"A（本体）是B（喻体）"，如"时间就是金钱。"有时喻词不出现，如太极拳中的"白鹤亮翅"等。

亚里士多德的隐喻理论把明喻和隐喻视为同类，两者都涉及相似性问题。奥斯古德（C. Osgood）认为，"隐喻与明喻之间在心理学上的差别主要在于对同样语义特征的评论的编码强度上"[118]。归纳起来看，隐喻是在彼类事物的暗示之下感知、体验、想象、理解、谈论此类事物的心理行为、语言行为和文化行为。通俗地说，隐喻也叫"打比方"，是人们借助某一事物思考和感受另一事物的方式，是类似比喻的一种思想行为方式，是一种异中求同的过程，是人类组织经验的工具，是认识事物的新视角。

Masters 提出，通过采用类比学习或隐喻进行教学指导，可以有效地解决理论和实践中存在的问题[211][212]。Masters 认为，学习者接受简洁的类比，无意识地获得了看不见的规则。Rumelhart 和 Norman 提出，在一个类比中，即将习得的信息以某种具体的方式与学习者已知的事物相似，通常采用连接词"像""比"为学习者提供更多的外显知识。通过类比，学习者可以利用已有知识来理解新知识或新技能，进而促进并简化学习进程[213]。

3.6.3.2 类比学习的过程

类比学习的一般过程主要包括识别、抽象和匹配三个子过程。类比的启动——识别是指认知者面对目标问题时，回想起某一潜在的类比物，即想到源问题的心理操作。当学习者将目标问题的客观陈述转化为本体内部的心理表征时，通过相似性联想到并标记出当前目标问题与本体记忆或认知结构中已有的源问题。这种相似性可以是通过源问题与目标问题的表面特征或结构特征确定。类比的激活——抽象是指学习者以表面特征的相似性和结构特征的对应性为基准，抽取出解决源问题的一般原理或策略的心理操作。由于源问题与目标问题相似性和对应性的限制，学习者所抽象出的原理与源问题的实质不一定完全吻合，且对结构对应性的认识有一个渐近过程，往往在原理抽象中进行着往返操作。类比的实现——匹配是指学习者成功地运用从源问题中抽象出的原理或解决方案来解决目标问题的心理操作。这种操作中需要分辨出两问题的相关性，即有多少特征是吻合的、较吻合的或难联系的[214]。

类比学习的应用好似使用变焦镜头摄影、使用显微镜观察微生物，能使想象中的事物具体化、遥远的事物近境化、微观事物宏观化、抽象问题视觉化。但应用时必须考虑类比的精确性和类比对正确观念形成的负面影响，应尽量用学习者熟悉的事物作喻体，使源问题与目标问题的表面特征、结构特征和认知操作关系清晰明了[215]。成功的类比，源问题与目标问题在外部特征上应具有语义和目标的相似性，即表面特征的相似性；在内部结构特征上应具有结构的对应性，即结构要素的并联对应和结构要素连结顺序的近似性；在主客体认识上应具有运用的相关性，即认知操作中有认知程序的部分包容和认知方式的直接迁移。当源问题与目标问题具有上述共同或相似的表面特征、内在结构特征和认知特征时，源问题就成为目标问题的一个类比对象，源问题的解决结构就可以指导和迁移到目标问题的解决。一项学习投掷飞镖的研究发现，"飞镖的尖端就像由结实的弹力带固定在靶心"这一隐喻因没有包含所学动作的表面相似性和结构相似性而没有达成类比的效果[216]。束定芳提出："隐喻效果的达成是各种因素综合作用的结果"。因此，构建（develop）适宜的类比（appropriate analogy）取决于主体的智慧。

3.6.3.3 运动技能类比学习

（一）运动技能类比学习的含义

大量研究表明，类比学习是运动技能学习领域较实用的内隐学习方法之一，采用的隐喻具有直观性、趣味性特点，能够为学习者提供建立整体动作概念的凭据和线索。目前，还没有人对运动技能类比学习进行明确的界定，国内学者马莉借鉴隐喻学的基本方法，提出了运动技术隐喻的定义。广义的运动技术隐喻是在他类事物的启迪下感知、体验、想象、理解、传递运动技术思想和规律的语言行为、技术行为和文化行为。狭义的运动技术隐喻就是在运动技术形成过程中，通过以彼喻此，对运动技术动觉感知与思维状态的一种典型描摹。这种思维活动构成与专项技术形成的引导、技术动作效果的整体呈现、技术内涵的分析都有着密切的联系。

（二）运动技能类比学习的过程

运动技能类比学习包括主体、客体、本体、喻体、喻底以及情境六个构成要素（如图 3-5 所示）。

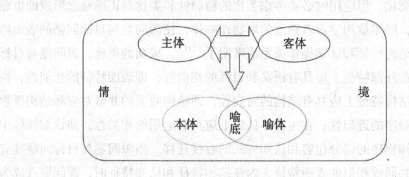

图 3-5 动技能类比学习的过程

主体是指传递技能的指导者，客体是接受技能的学习者。本体是指运动技能的动作元素、结构和关系，包括动作的姿态、动力、方位、衔接和节奏等物理时空要素以及风格等非物理时空要素，本体抽取的要素在技能学习的不同阶段的侧重有所不同。喻体是指被借用的现实存在，是传递动作要领的载体，可"近取诸身，远取诸物"，包括自然事物和现象类、生活现象类，无论是日月星辰、田野山川还是衣食住行，只要在运动技能形成过程中被赋予了一定的意义，就可以成为动作隐喻的素材，成为喻体取之不尽、用之不竭的宝库。本体和喻体的对应主要分为一对一、一对多、多对一的三种形式。喻底是指喻体和本体之间的相似性，是建立在世间万事万物相互联系的基础上的。当喻底模糊时，主体往往要点明具体喻底，以便客体掌握喻底的意义。喻底具有新鲜性，表现为不同领域映射时造成的新奇感。情境是指包含隐喻主体、客体、本体、喻体在内的环境的整体呈现。不同的情境会采用不同的喻体，因此技能学习的不同阶段借用的喻体类型也不同。在认知阶段主要采用图形类、自然事物和现象类、生活现象类和相关运动项目类；在联结阶段，除认知阶段采用的类型外，还采用社会现象类、相关艺术门类、情境类、社会现象和情节情感类；自动化阶段，除认知阶段和联结阶段的类型外，还采用自然科学规律类。

（三）运动技能类比学习中隐喻的特征

类比的目的是将完成运动技能所需要的大多数复杂规则整合成概括的生物力学隐喻，减少了教练通过言语向学习者传递的动作定型的技术信息，从类比中悟出动作的本质，通过对动作的形象化比喻来达到视觉表象和动觉表象的紧密结合，形成动作定型的概念。例如，用"压缩的弹簧"比喻蹲踞式起跑，用"大海中的波浪"形容华尔兹舞步的动作要领。用"大鹏展翅"启发散打中腾空飞脚身体舒展的程度等。国内学者马莉通过对技能主导类表现难美四项目（体操、艺术体操、体育舞蹈、武术）中诸多隐喻的分析，将隐喻的特征概括如下：

1. 思维的突破性与创造性

冲出原来的概念系统，突破思维的障碍，创造一个特殊的视角重新认识世界，启发和帮助学习者重建动觉系统，如体操中"穿墙而过的跨跳"。

2. 应用的模糊性与超感性

因为隐喻的本体和喻体之间往往没有必然联系，只是两事物部分特征的相近、类似或相同，因而会造成客体解读意义的模糊性。隐喻既具有技术理性的实在，又有技术感性的生动，是感性与理性融合后的最佳体现，如太极拳盘肘架掌动作的"怀抱婴儿手托山"。

3. 呈现的具象性与典型性

隐喻使用了鲜活的事物和现象做载体，使无形之物变成可感之物，为理解尚未掌握的动作概念提供向导。如五禽戏中的"虎举、虎扑，鹿抵、鹿奔，熊运、熊晃，猿提、猿摘，鸟伸、鸟飞"。由于运动技能自身的规律性和特殊性，隐喻又具有典型性。

4. 传递的整体性与多义性

隐喻意义的获得是触觉、听觉、视觉等身体感知的整体体现，格式塔心理学者认为，当感觉元素聚合在一起时，就形成某种新的事物。隐喻对人的影响也是最直接的、一种直觉的传递，这种直觉的传递是整体性的。由于主体使用的喻体具有多重含义，加上喻底取舍的不同，就会造成多义现象的产生。

隐喻还具有异质间性与虚拟性、群体认同性与情境性、更迭性与动态平衡性等特征。

（四）运动技能类比学习中隐喻的功能

隐喻为我们理解、观察自然世界提供了行之有效的途径，其应用既具有普遍性，又具有显著的专业性特征，其功能主要体现在以下几个方面：

1. 提供了练习者建立整体技术动作概念的凭据与线索

隐喻涉及技能形成的有形因素和无形因素，诸如本体形态、轨迹、节奏和用力形式等，对技能的形成起着引导暗示的作用，为练习者提供了建立整体技术动作概念的凭据与线索。代表性的有中国传统运动太极拳和五禽戏等。

2. 运用形象生动的意象启发了练习者丰富恰切的想象力

"想象是一种感受不存在的事物的能力"（莎士比亚语）。喻体几乎囊括我们常见的所有事物，展现了人的运动与自然万物间色彩斑斓的联系，激发练习者丰富而恰切的想象力。

3. 打开调用原型储备系统的直接通道

隐喻所借用的原型象征事物和现象通常为人们身边非常熟悉的事物和现象，是打开学习者感知记忆仓库的钥匙，帮助学习者形成正确的动作概念。

4. 成为技术真实图像的"显影剂"与"显微镜"

"如果想捕捉到无形的东西，就必须尽自己所能深入到有形的事物中去"。隐喻利用某种知道得比较清楚的事物作为"透镜"，来洞察、发现和解释另一种复杂而不甚了解的本体。透过隐喻可以发现动作背后无形的图景和线索，为技能的形成、发展、完善和传播提供最实用和高效的工具。

大量的研究表明，类比学习的应用在启发学生积极思维、深入理解、牢固记忆动作要领等方面都起着重要作用，在运动技能学习的初级阶段有助于学习者建立运动技能的整体概念，尤其对于初次建立运动技能整体概念的学习者效果更加突出；在掌握阶段有利于动作的定向引导，在熟练阶段有利于动作的突破和重建类比学习因其采用的隐喻能够反映出技术动作形成过程中意识与动作之间的互动特征且生动形象、喜闻乐见而成为运动技能形成、发展和传授的重要认识工具。

（五）运动技能类比学习的优势效应

已有研究表明，类比学习至少与外显学习一样有效，但比后一种学习方法益处更多，具体表现在以下几点：

1. 类比学习的抗应激性

抗应激性是内隐学习强有力的一个特征，是指不受或较少受心理压力的影响。Liao 和 Masters 在学习乒乓球上旋正手击球技能的实验中，要求类比学习组受试用拍子画直角三角形，拍子向后移动到直角三角形的底部，在沿着斜边向上移动时击球；而外显学习组受试接受 12 步完成上旋正手击球的外显指导。自我–威胁反馈（ego-threatening feedback）是通过呈现用以诊断或评估的任务向受试施加压力。思维抑制（thought suppression）是用来处理有关上旋击球技术规律的思维，要求受试抑制如何击打上旋正手球的思维必然导致受试在击球时更多地想到这些规律，这就是所谓的反弹效应。对各组在心理压力条件下完成技能的能力进行了测试。类比组和外显组受试在第 6 组前接受自我威胁干预，在第 8 组前接受思维抑制干预，而类比控制组和外显控制组则不接受任何一种干预。实验结果表明，类比学习者的绩效既没有受到压力的影响，也没有受思维抑制干预的影响，而外显学习组受试的绩效受到影响，证明其具有抗应激性[217]。Koedijker 等人采用 Liao 和 Masters 的"直角三角形"类比，在学习乒乓球正手击球研究中，在双任务和高压条件下（一定的奖励和大声报成绩）对受试进行测试，考察了压力增加时外显学习和类比学习绩效稳定性的变化。除了外显规则的差异外，在压力或次任务负荷下，类比组和外显组的绩效都未受到破坏。这一结果验证了类比学习的抗应激性，但没有支持再投入理论（Theory of Reinvestment），间接支持了加工效能理论（processing efficiency theory），即焦虑不一定破坏绩效，完成任务的努力增加和旨在提高绩效的活动可能补偿了焦虑的不利影响。这种结果也可能与个体的人格特质有关[218]。Lam 等人在篮球投篮任务的研究中发现，类比学习组和外显学习组在学习过程中和保持测试中的绩效相似，但在有压力的迁移测试情境中，外显学习者的绩效受到破坏，而类比学习者的绩效保持稳定，研究结果支持了再投入理论[219]。胡桂英在大学生新手学习高尔夫推杆击球技能的研究中发现，通过类比学习获得的运动技能在压力情境下的操作成绩显著高于前后的保持测验成绩，表现出很好的抗应激效应，这为干预运动实践中的 Choking 现象另辟蹊径[220]。胡桂英、庄燕菲以 15 名具有 Choking 现象的篮球专修课学生为对象，采用组别 × 测验时间（2×3）的双因素混合设计，以每组 10 个罚球线定点投篮的命中数为实验因变量，对实验组进行"如将纸团扔进纸篓那样"的投篮技能内隐学习干预，控制组则不加干预。结果表明，内隐学习是干预 Choking 现象的一种有效手段[221]。张宏新、季朝新认为，可以运用内隐学习获得的运动技能去破解运动员在比赛中出现的 Choking 现象，预防运动员出现不必要的失误[222]。

2.类比学习的抗干扰性

抗干扰性是指内隐学习不易受到机能障碍或失调的影响、不受年龄和智商的影响、较少受次任务的影响。Liao 和 Masters 首次对此进行了研究，在学习乒乓球上旋正手击球技能的实验中，研究者采用"直角三角形"这一类比，他们的绩效与另一组接受正手击球规则的被试绩效进行比较，还有一组传统的双任务内隐学习组作为控制组。事实上，类比学习与内隐学习之间的确有相似性，类比组学习者的绩效不受倒着数数（backward-counting）的次任务影响；积累的陈述性规则也更少。Koedijker 等人在乒乓球正手击球的研究中发现，在次任务负荷下，类比组受试的绩效保持稳定，证明了类比学习具有抗干扰性。Yan、Agens 采用"跑着上楼梯"这一比喻教授香港小学五年级学生快速短跑技能，结果表明，类比组、外显组和控制组的快速短跑时间没有显著差异，但类比组的心算报数反应时最快，抗干扰性强。Masters 认为，类比学习之所以具有抗干扰性，是因为它比外显学习占用较少的工作记忆资源。胡桂英的研究结果验证了这一点，她采用双因素混合设计，在大学生新手通过类比学习范式学习高尔夫推杆击球技能，研究发现，通过类比习得的运动技能在压力条件下表现出很好的抗应激性、抗干扰性等优势效应，并进一步指出，类比学习独立于工作记忆的语音环路（phonological loop）和视觉空间模板（visuospatial sketchpad），较少依赖于中央执行系统（central executive system），较少占用工作记忆（working memory）资源，而外显学习占用中央执行系统，这为运动实践中 Choking 现象的干预另辟蹊径。外显学习组在压力条件下，增加的无关信息和有意识控制的具体技能操作策略相互争夺有限的工作记忆资源，学习过程变得缓慢，而内隐学习组在压力条件下同样增加努力，但由于类比是一个囊括了技能操作所有成分的单一的力学隐喻，操作者找不到具体控制技能操作的聚焦点，没有可以再投入的外显知识，因而无法占用工作记忆资源，工作记忆负荷的减少可能"释放"某些资源来完成压力条件下输入的其他无关信息的加工，从而使内隐学习组在压力条件下表现出很好的抗应激性。单一的类比指导降低了容量有限的工作记忆系统的加工负荷，从而留出足够的资源加工第二认知任务，而主任务并不受其他认知负荷的干扰，在工作记忆范围之内用不同的模块对两任务同时进行加工，表现出在复杂决策中的优势效应[223]。

3.类比学习的自动性

自动性是指，内隐知识是在过去无意识的学习过程中自动地产生的，无需有意识地去发现任务操作中的外显规则。Lam 等人采用绩效结果和运动学指标（肩膀、手腕的关节角度、速度、加速度和动作范围变异的平均数和系数）考察了不同学习方式对学习篮球投篮任务的影响，发现外显组的动作成分数量（number of movement components）显著多于类比组，表明外显学习者是有意识地控制动作，而类比学习者采用的是更内隐（无意识或自动化的）的方式来控制动作。但是这方面还有待进一步研究[224]。

4.类比学习在复杂决策任务中的优势效应

除了抗应激性、抗干扰性和自动性外，研究者还提出，类比学习较丰富的注意资源也可能对决策任务有益。Poolton 等考察了类比学习对乒乓球正手击球决策行为的影响，检验了简单决策或困难决策中类比学习者和外显学习者的绩效。简单决策是将白色的球打到右边，即白色/右边，将黄色的球打左边，即黄色/左边；困难决策是在最初的两组白色/右边、黄色/左边练习后，改为白色/左边、黄色/右边的两组练习；然后重新变成白色/右边、黄色/左边规则，依此交替进行。研究发现，外显学习、类比学习的受试在学习阶段和决策简单情境下的成绩没有显著差异；决策难度增加时，只有外显学习组的绩效下降，类比组绩效实际上得到改善。这表明，类比学习有助于做出复杂决策。Poolton 及其同事提出，类比学习腾出工作记忆资源，以供学习者有效执行乒乓球活动中的困难决策。因此，困难决策以及随后的动作都未受到破坏。

内隐习得运动技能的优势效应涉及运动技能内隐学习的机制问题。基于内隐习得运动技能表现的现象学特征，Masters 和 Maxwell 提出了内隐学习独立于工作记忆的假说[225]，上述研究结果对此进行了进一步的验证，结果表明，运动技能内隐学习较少依赖于工作记忆，而并非完全独立于工作记忆。正是因为运动技能内隐学习对工作记忆的资源占用较少，降低了有限容量的工作记忆系统对信息加工的需求，从而保证更多的工作记忆资源来加工第二认知任务或压力情境下输入的其他无关信息。工作记忆在语言、推理和问题解决等高级认知过程中起着重要作用。在运动技能外显学习中，工作记忆的功能主要有执行指导语、发展和验证假设、收集和任务有关的外显知识、提取运动控制的知识等。

另外，类比学习者几乎没有积累外显知识，无法用言语表达技能的潜在机制，似乎导致内隐学习模式，这与内隐学习获得的缄默知识的特点相同；类比学习者和内隐学习者对击球技能均缺乏元认知，与内隐学习的"主观阈限"标准一致。Yan、Agens 的研究也发现了类似的结果[226]。

3.6.4 暗示教学法（Suggestive Teaching）

启发式教学法其起源可追溯到二千多年的孔子时代，但时至今日，它仍然有着强盛的生命力。其主要原因是它代表着一种科学、民主的教育思想，可以使学生更好地掌握知识、发展智力、提高分析问题和解决问题的能力，同时使学生得到各方面的全面发展[227]。暗示教学法也叫"启发式外语教学法"，是由保加利亚精神病疗法心理学家乔治·洛扎诺夫也叫格奥尔基·洛扎诺夫（Georgi Lozanov）于 60 年代末 70 年代初首创的一种学习语言的方法，以后由东欧各国逐渐推广到苏联、美国、加拿大、法国、日本等十多个国家，近年来被介绍到我国，在非语言学科的效果也很好。暗示教学法的心理学理论根据都来自科学实践，符合人的客观实际。

3.6.4.1 暗示教学法的基本概念

洛扎诺夫给暗示教学法下的定义是："创造高度的动机，建立激发个人潜力的心理倾向，从学生是一个完整的个体这个角度出发，在学习交流过程中，力求把各种无意识结合起来。"暗示教学法被称为是一种"开发人类智能，加速学习进程"的教学方法。

3.6.4.2 暗示教学法的基本原理

暗示教学法的原理是整体性原理。洛扎诺夫认为，人类的学习过程包括了大脑两个半球的协调活动，是有意识活动与无意识活动的统一，是理智活动与情感活动的统一，是大脑与身体的统一。它们是一个不可分割的统一体，就像一个完整的乐队，有铜管乐、打击乐、弦乐等，只有它们协调配合，才能奏出优美的乐曲。而人们在通常情况下的学习，总是把自己分成几部分：身体、大脑两半球、有意识和无意识、情感和理智等。它们总是不能协调，甚至相互冲突，因而大大削弱了人的学习能力。暗示教学法就是把这几部分有机地整合起来，发挥整体的功能，而整体的功能大于部分的组合。暗示教学法通过对大脑左右半球施加的暗示，建立无意识的心理倾向，激发个人心理潜力，创造强烈的学习动机，从而提高记忆力、想象力和创造性解决问题的能力，以充分发展自我的教学理论和方法。实践证明，暗示教学法在发掘人的学习潜力方面有着异常功效。

3.6.4.3 暗示教学法的基本依据

（一）医学根据

在医学上，暗示是指一个人用含蓄、间接的方式对别人的心理和行为产生影响的一种作用。暗示疗法是指通过医生向患者暗示某种观念，使患者在接受这些观念的过程中解除心理上的压力和负担，从而使疾病症状得以减轻和逐渐根除的一种治疗方法。20 世纪 50 年代中期，洛扎诺夫正是受到一起心理暗示疗法成功案例的启发，开始把全部精力转向暗示教学的研究。9 年后，他以充足的实验根据证实了"暗示超常记忆力"的存在。同时，洛扎诺夫还有感于传统教学落后于时代发展的现实，看到了改革的必要。他认为传统教学的主要弊端在于：（1）低估了人类学习的潜力；（2）只强调刻苦，不讲究方法，造成学习者不同程度的心理紧张状态；（3）没有灵活运用最新的科研成果，缺乏建立在人体生理和心理研究基础上的综合性教学手段。1965 年，他领导成立了暗示法教学小组，第二年扩展为暗示法研究所，开始在 16 所实验学校对五千多名学生进行实验。结果表明，良好的学习气氛能使外语学习效果成倍提高。1971 年，在保加利亚召开了第一次国际性暗示法讨论会，从此，暗示教学法迅速在许多国家被尝试运用，并成为教育界纷纷探讨研究的课题。

（二）心理学依据

暗示教学法有一系列的理论基础，如教育学理论、心理学理论、神经生理学理论、精神治疗学理论等，其中占主导地位的是心理学理论。洛扎诺夫的理论基础是，学习应成为一种趣事，应当在无紧张的状态下进行；作为人，其思维是在自觉意识和潜意识两种意识层面上进行的；暗示是利用通常不用的大脑储备的手段，目的在于加快学习。后来人们把它归纳为四条心理学上的依据：

1. 人的可暗示性

即人的可意会性、可启示性、可影响性，"是人类个体之中一种普遍的品质"，由于它才使人和环境间的无意识关系发生作用。人虽都具有可暗示性，但接受暗示的能力各不相同。它受制于发出暗示和接受暗示双方各自的体力、智力、职业能力、社会地位等多种因素。如果前者在这些方面都优于后者，那么就可产生较强的暗示能力，反之则可能使暗示受到抵制以至失去作用。人具有接受暗示的能力，但同时也具有反暗示的能力，这种反暗示的防线通常有三道：①逻辑防线，"对于它印象上认为不合逻辑动因的，一概挡驾"；②感情防线，"对于不能达到创造信任感和安全感的，一律挡驾"；③伦理防线，"凡与个人的道德原则相矛盾的暗示，都是不可能被接受的"。这三道防线为人所共有。在使用暗示教学法时，绝不是要去强行突破这三道防线，而是相反，要取得与这三道防线的协调，引起心理上的共鸣，从而克服它。

2. 人的无意识心理活动

无意识活动又称非理性活动，是与有意识和理性活动相对的概念。人在进行理性活动的过程中时时刻刻都伴有非理性活动的存在。暗示学的研究认为，"即使最强烈的观念，除非和个人的无意识心理倾向相结合，和他的态度动机相结合，和他对某一事物的期待相结合，和他的需要兴趣相结合，并且和他的个人的情绪、智能、意志记忆要求等特性协调，否则是不能产生暗示效果的。"

3. 人的非注意心理反应（又称为非特定心理反应）

这是一种人未注意到的心理反应，如一个人听另一个人说话，听者的注意力大多集中在说者所说的内容上，这是一种注意的心理反应，也称为特定的心理反应。说话者的语气、语调、表情以及伴随而来的动作、手势、姿态等，也时不时地引起听者的部分注意，这是听者没有意识到的注意，即模糊的注意。这种听者没有意识到的注意，就是非注意心理反应。

4. 人的潜力

人的潜力是指潜藏在人的大脑里和身体里的还未发挥出来的能力，也就是人深藏着还未动用的生理能力和心理能力。古往今来，世界上一切成功的科学发明、文学创作，无不是作家、科学家最大限度地挖掘并发挥了自己的潜力而做出来的。人的潜力的挖掘不是很容易的，因为在一般情况下，它都潜藏于人的心理和生理的深处，只有在特殊情况下，即特定的环境压迫下，在某种强烈的动机、愿望、目的及需要的促使下，才会显露出来。人的潜力一旦挖掘出来，就可以使人产生超常的记忆力、想象力、思维能力等，暗示教学法正是用各种方式创造一定的环境和情境，迫使人发挥出自己潜在的各种能力。

暗示教学法的心理学理论根据都来自科学实践，符合人的客观实际。它所依据的人的可暗示性、人的无意识心理活动、人的非注意心理反应、人的潜力，总括起来，都是以人为中心，以学生为中心，注重人的感情因素，智力因素，以及其他非智力因素。而这些也可理解为包含着人的情感和认知、人的直觉和创造性、人的个性与发展、人的潜能等因素。

（三）理论依据的要点

暗示教学，就是对教学环境进行精心的设计，用暗示、联想、练习和音乐等各种综合方式建立起无意识的心理倾向，创造高度的学习动机，激发学生的学习需要和兴趣，充分发挥学生的潜力，使学生在轻松愉快的学习中获得更好的效果。其理论依据的要点有：

（1）环境是暗示住处的重要而广泛的发源地；

（2）人的可暗示性；

（3）人脑活动的整体观；

（4）创造力的假消极状态最易增强记忆，扩大知识，发展智力；

（5）充分的自我发展，是人最根本的固有需要之一；

（6）不愉快的事情往往不经意识就为知觉所抵制。

3.6.4.4 暗示教学法的基本原则

1. 愉快而不紧张的原则

这一原则是指学习过程中不应伴有任何一种外部精神压力，学生应处于一种愉快、松弛、集中的心理状态。只有消除了心理和生理上的紧张状况，人的思维活动才能最活跃。愉快而不紧张的学习气氛是利用无意识心理活动的必要条件。因此，遵循愉快二部紧张的教学原则，教师就赢在教学过程中通过多种方式、各种途径，创设轻松、愉快、和谐的教学氛围，有道激发学生积极的情绪，帮助学生建立自信，促进学生主动学习。在暗示教学中，愉快情绪不是来自要求学生掌握繁多的知识，而是来自学生主动索取知识的愿望。因此要求教学形式要灵活多样，教学方法要有利于消除学生生理和心理上的疲劳、紧张、恐惧等感觉和情绪。

2. 有意识与无意识相统一的原则

传统教学观念只重视理性的力量，相信学生有意识活动的学习能力。其实这样只发挥了大脑皮层结构和左半脑功能，没有顾及无意识的调节作用。无意识心理活动使人们能和环境保持平衡，而且一切有意识的活动都建立在无意识的组合之上。"个人的见解、动机和记忆都受感情、想象以及其他无意识活动的影响"。只有当有意识与无意识和谐统一时，学生的智力和个性才能得到充分的发展。洛扎诺夫认为，如果教学过分相信理性的力量，不顾及感情调节理智，无意识调节有意识，最终只能造成理智和情感、有意识和无意识之间的矛盾，加剧彼此间的不平衡，严重影响教学的效果。遵循有意识与无意识统一的原则，要求教师把学生看作理性与感情同时在活动的主体，在教学中尽力采用暗示教学法，尤其是各种艺术手段，例如，音乐、诗歌、断句、讲故事、游戏等，来调动学生的无意识潜能，促进其无意识活动和有意识活动的协调。

3. 师生互相暗示的原则

这一原则是指师生之间、生生之间相互发生暗示作用的原则，要求师生之间、生生之间建立一种互相信任、互相尊重的关系。这种关系不但能把握学生的情感，而且能使之与理智趋于一致，使学生通过有意识与无意识两种心理活动渠道去更多更快地接受知识。遵循这一原则，要强调建立良好的师生关系以及学生与小组之间的融合关系。这就要求教师具有一定的心理学理论素质，善于建立与维持与学生良好的接触。教师的态度要亲切和蔼，要处处鼓励学生的自信心，并利用权威正确设置外部环境、音乐效应、语调色彩等，使学习者综合地接受有意识和无意识的影响。

上述三条原则之间是统一而不可分割的，缺少任何一条，都不能称其为暗示教学法。

3.6.4.5 暗示教学法的基本途径

（一）心理途径

要求教师切实认识无意识和外围知觉的重要性，善于利用大量的情绪刺激和外围知觉，激起兴趣和喜悦的体验，创造高度的动机和好奇心、求知欲。学生内在的态度是知识获得与否的关键因素。

（二）教育途径

暗示教学法要求按较大的单元组织教材，或在原材料的基础上补充大量趣味盎然的读物以派出学生度课本的困难感、枯燥感和畏惧心理。就是说，教师要想方设法利用愉快的背景，帮助学生在上、下文里克服消化抽象概念的困难。

（三）艺术途径

艺术是利用直觉和情感，以最迅捷的方式使信息直接渗入大脑。暗示教学法不主张专门去背诵、记忆，而特别强调声调和节奏的刺激力量及音乐对人格的感召力，另外使用各种电教化教具来设置情境等多种艺术形式来创造欢快的气氛，调动多种感官的交替活动，蹴踏男士的心理倾向——态度、动机和期待。

3.6.4.6 暗示教学法的局限性

事实上，暗示教学法也存在一些难以规避的局限性，如在大规模的群体教学中，教师在对学生施加的暗示，常常难以保证预期的效果。洛扎诺夫最初进行的实验主要是针对语言教学中记忆力的提高，因此暗示教学在其他能力的协同培养和发展方面的效果是否显著还有待科学验证。加之人们对其实验本身的科学价值尚存质疑，因此我们在移植和借鉴暗示教学法时，也应持慎重态度，既不能过分夸大暗示教学的效果，也不必一概否定。但是，从心理学依据的角度而言，暗示教学所倡导的关注学生无意识心理倾向，通过积极的心理暗示，激发学生的自信和学习动机，关注学生非理性因素在教学中的意义等，对于克服学生在体育学习中的恐惧心理，提升学生对自身的学习期望，发掘身体运动潜力等方面，还是具有积极的借鉴意义的。可以说，心理暗示是体育教学中非常有价值的辅助性教学策略，如果可以和其他教学策略协调配合，充分发挥教师的教育智慧和教学艺术，对于提高教学效果，激发学习动机，无疑具有重要的价值。

3.7 运动技能内隐与外显协同学习研究

内隐学习和外显学习各有利弊，内隐加工迅速，是无意识的、整体的，但不精确；外显加工是有意识的、精确的，但缓慢。内隐与外显两种学习方式结合时产生相互促进，表现出学习成绩显著高于单一的内隐或外显学习的协同效应。

3.7.1 理论探讨

已有的实验室研究主要采用人工语法学习研究中的匹配－编辑范式来研究运动技能内隐与外显的协同学习。宋修娟采用外显学习、内隐学习、内隐与外显学习相结合的学习方式，对不同动作技能水平的中学生学习轨迹追踪技能的学习绩效进行了探讨，结果发现，在保持阶段和迁移阶段，内隐与外显结合组的成绩好于单一的内隐学习组或外显学习组[228]。谢国栋采用内隐－外显学习、外显－内隐学习和内隐与外显学习同时进行的三种学习方式，以视障和明眼中学生为受试，对内隐学习与外显学习相结合学习握力计的效果进行了探讨，发现当内隐学习和外显学习分阶段先后进行时，内隐学习和外显学习存在微弱的协同效应；当二者同时进行时，外显学习和内隐学习发生干扰[229]。

在运动实践领域，运动技能内隐与外显协同学习的研究多为理论探讨。范文杰认为，任何复杂的运动技能知识都是通过外显与内隐过程的交互作用而获得的[230]。由于内隐认知机制在认知系统中具有基础性地位，如果在外显认知前有一定量的内隐知识做基础，就可以大大提高认知的效果。认知者通过感受－领悟－积累－运用，从而内隐地习得运动技能，再在适当的时机对认知者进行外显认知指导和有关技能规律的介绍和点拨，这样不仅减少了反复"试误"的概率，节省了认知时间，而且还能更好地提高运动技能认知的效果。换言之，对于复杂运动技能，尤其是一些开放性的运动技能的认知，指导者应该让练习者在没有任何指导的情况下先自己进行一定时间的练习（内隐认知）后，指导者再进行必要的指导（外显认知），这种组合方式的认知效果将比单一的内隐认知或外显认知以及先外显后内隐的认知效果都要好[231]。国内有研究者提出开设隐性体育课程对传统的外显学习进行必要的补充[232]；另有研究者采用多媒体动态图示引导法、表象练习法和暗示教学法来诱发内隐学习[233]，与外显学习相结合，提高体育教学与运动训练的效果。

3.7.2 内隐学习与外显学习协同效应对运动技能学习的启示

内隐学习和外显学习之间既存在协同效应，又存在权衡效应，所以，在教学过程中，应按照两者关系的规律进行教学，才能最大激发学习者的潜能，获得最佳的效果，节省更多的心理资源，使学习的过程效益最大化。

就所有技能学习而言，内隐学习在认知系统中具有基础性地位，如果在运动技能的外显认知前有一定量的内隐知识作为基础，就可以大大提高运动技能的认知训练效果。因此，在正式的新课程的教授之前，教师应布置一些如观看技能的视频的作业，而不需要学生学习技能的概念、要领，只需初步观察、模仿，这样的一个预习过程会对后期的学习产生。总之，无论是基础的实验室研究还是应用的实践研究结果都表明，内隐学习与外显学习的有机结合是提高技能学习效果的有效途径。国内已有研究表明，"术语＋比喻性的语言"好于仅使用术语的教学效果，但这方面的实证研究甚少。

3.8 小结与论文框架

3.8.1 小结

综观运动技能类比与外显协同学习的研究，发现存在以下问题：第一，目前这方面的研究主要是局限于实验室的研究，在具体运动项目上的研究不多。第二，当前运动领域多从分离的逻辑出发对类比学习的特征进行多方面的探索，对类比和外显学习协同效应的研究还不多见。第三，类比与外显的协同学习可能受任务、环境和个体三要素的影响，但目前还没有研究对运动技能类比与外显协同学习的影响因素进行探讨。

本研究正是针对这三个问题，提出以下理论假设：

（一）对于大学生初学者而言，类比学习与外显学习相结合的学习效果好于单一的类比学习或单一的外显学习的学习效果。

（二）初学者学习网球技能时，类比学习与外显学习的最佳组合方式因任务性质、任务难度、学习者年龄的不同而不同的观点。

本研究以网球为研究项目，以初学者为实验对象，具体研究以下4个方面的内容：

（一）大学生网球初学者类比学习与外显学习协同效应的实验研究；

（二）类比学习与外显学习的不同组合方式对初学者学习不同性质网球技能的影响——从闭锁性和开放性技能的视角；

（三）类比学习与外显学习的不同组合方式对初学者学习不同难度网球技能的影响；

（四）类比学习与外显学习的不同组合方式对不同年龄初学者网球技能学习的影响。

3.8.2 论文基本框架

如图3-6所示，本研究由四部分组成。第一部分是引言，阐述本研究的研究背景及意义。第二部分为文献综述，阐述本研究的依据并提出研究内容。第三部分为研究内容，包括四个实验。实验一验证类比学习与外显学习的协同效应，此研究为后续三个研究的前提。在此基础上，实验二、实验三和实验四进一步探讨不同任务性质、不同任务难度和不同年龄初学者学习网球技能时，类比学习与外显学习的最佳组合方式。第四部分是小结，总结本研究的结论、理论贡献及不足。

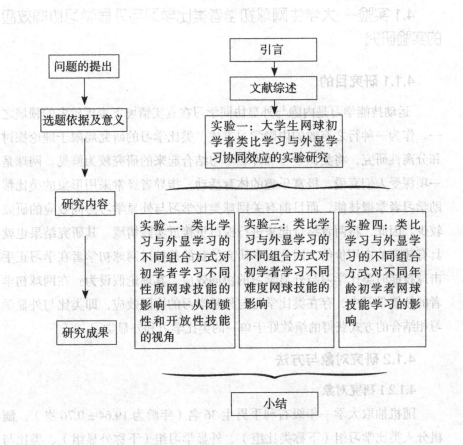

图 3-6　论文基本框架示意图

四、 研究内容

4.1 实验一 大学生网球初学者类比学习与外显学习协同效应的实验研究

4.1.1 研究目的

运动技能学习是内隐与外显协同学习在真实情境下表现较多的领域之一。作为一种行之有效的内隐学习方法，类比学习的研究局限于理论探讨和分离性研究，将类比学习和外显学习结合起来的研究较为鲜见。网球是一项深受人们喜爱、极富乐趣的体育活动，指导者经常采用形象的类比帮助学习者掌握技能，而目前有关网球类比学习与外显学习协同效应的研究较少。因此，将两者结合起来进行探讨更接近实践情境，其研究结果也就具有较高的应用价值。因此，本研究的目的是探讨网球初学者在学习正手击球技能时类比学习与外显学习的协同效应，其理论假设为：在网球初学者的技能学习中，存在类比学习与外显学习的协同效应，即类比与外显学习相结合的方式获得的绩效好于单一的类比学习和外显学习。

4.1.2 研究对象与方法

4.1.2.1 研究对象

随机抽取大学一年级右利手男生 36 名（年龄为 19.64 ± 0.76 岁），随机分入类比学习组（下称类比组）、外显学习组（下称外显组）、类比与外显学习结合组（下称结合组），每组 12 名。所有受试均为网球初学者，裸眼或矫正视力正常，身体健康，自愿参加本实验。通过对网球正手击球动作的学习，探讨类比学习与外显学习的协同效应。

4.1.2.2 实验设计

本研究采用单因素协方差分析，前测绩效为协变量，学习方式有三个水平：类比学习、外显学习、类比与外显学习相结合。

4.1.2.3 实验任务

实验任务为网球正手击球。受试持拍站在端线中点处，主试站在受试身体右前方，直臂、右手持球，五指自然松开，使球自由落体式落至受试身体右前方的圆形区域内（以距离端线 150 厘米、中线延长线 60 厘米的点为圆心、半径 20 厘米的圆），待球落地反弹后，受试用正手将球击至目标区域，并尽可能击至得分最多区域。根据菲兹定律，告诉受试，本研究考察的是击球准确性和标准的动作姿势，不考察击球速度。练习前告诉受试，本研究考察的是击球准确性和标准的动作姿势，不考察击球速度，以避免速度－准确性的权衡。

4.1.2.4 学习指导语

正手击球的外显学习指导语摘自网球专业刊物，由 10 名经验丰富的网球教师或教练（平均教龄＞5 年）确认，并确定类比学习指导语（见附录五）。类比学习与外显学习相结合的指导语是在外显学习指导语讲解完相对应的环节之后插入类比学习指导语。

4.1.2.5 实验程序

实验为期 5 天。第 1 天，向受试介绍实验过程，要求受试在参加实验期间除规定的练习外，不能进行类似的任务练习；发放《体育锻炼情况调查表》和《动作知识数量调查表》，要求受试"详细描述完成网球正手击球动作的过程并写下来"，以此收集知识数量并筛选出有效受试。随后进行准备活动和握拍方法的指导后，进行 20 次的正手击球准确性测试。在主试分别对三组受试示范正手击球动作、口授不同指导语一遍后，受试分别集体挥空拍 20 次、随后每人单独正手击球 20 次。

第 2～4 天，在准备活动和熟悉球性（持拍向上颠球，下同）练习后，主试分别对三组受试示范动作并口授不同指导语。每组受试进行三个组块的练习：在第一、二个组块中，受试集体挥空拍 20 次、随后每人正手击球 20 次，第三个组块为 30 次挥拍和 30 次击球练习。组块间主试示范动作并重述与各组相对应的指导语。

第 5 天，主试示范动作、口授不同指导语，受试击球 20 次后休息 10 分钟，进行保持测试（20 次正手击球）。最后进行迁移测试：受试站在端线中点处，主试站在发球线前,用手抛球到受试身体右侧的圆形区域内(同保持测试),待球落地反弹后,受试正手击球20次,击球目标同保持测试。

在实验中,依据组别将写有不同指导语的展板放在网前,以避免同一名主试异时授课时因口误引起指导语混淆。一名受试击球时,另一名主试组织其他受试在帷幕后进行球性练习(持拍向下拍球,每2分钟休息一次),不允许观察他人击球。

4.1.2.6 评价指标

击球准确性:击球准确性是网球技能学习中评定学习效果最常采用的一个客观指标。本研究中,用黄色胶带标出三个得分区域:受试对面同侧场地,由单打边线向右150厘米的端线与由端线向网前150厘米的单打边线为边长构成正方形区域3,由距离端线300厘米且平行于端线的直线与距离单打边线300厘米且平行于单打边线的直线以及区域3外的单打边线和端线共同构成区域2,发球线与球场中线的延长线以及区域2外的单打边线和端线共同构成区域1。将写有1、2、3的三块纸板分别放在得分区域1、2、3处,将球打到区域3得3分、区域2得2分、区域1得1分,黄线以外不得分(如图4-1所示)。

图4-1 实验一的正手击球得分区域图

动作评分:动作姿势对动作准确性有着重要的影响,因此,在实际的体育教学或运动训练中,技评也是经常采用的一种主观手段,辅助客观指标来评价运动技能学习的效果。根据网球教师或教练的确认建立《网球正手击球技能评定标准》（见附录六）。将每位受试的击球动作视频编辑成独立的文件进行随机编辑，重新分成三组，由两位独立的评分者对受试平击发球动作姿势进行评定，取两者的平均分作为受试的动作评分。总分100分，动作完整性占80分，其中包括准备姿势10分（5条，每条2分）、后摆引拍和挥拍击球60分（7条，每条8.5分）、随挥跟进10分（5条，每条2分）；动作流畅性占20分。动作流畅性分数与动作完整性分数的比例为1：4，当评分者计算出动作完整性分值后，依据上述比例赋予动作流畅性分值。例如，如果受试的动作完整性得分为70分，则动作流畅性分数为17.5分，四舍五入取整数（下同）。

动作知识数量：动作要领的掌握程度也是影响技能学习效果的一个重要指标，言语报告是运动技能内隐学习测量最通用的手段[234]，一般在实验前、后要求受试尽可能详细地描述他们在技能操作过程中使用的策略、方法、技术等。已有的类比学习研究中，研究者也多采用这一指标来解释研究结果。依据外显学习指导语，外显知识数量为16条，每条为1分；依据类比学习指导语，类比知识数量为4条，每条为1分；两种知识数量的总和为20条，共20分。随机编辑受试，由两位独立的评分者对其动作知识进行评定，取两者的平均分。

本研究主要采用击球准确性这一客观指标来评价技能学习效果，但在实际的体育教学和运动训练中，动作姿势和动作要领的掌握程度也是评价技能学习效果经常采用的指标，是对客观指标的辅助说明，通过主观指标与客观指标的会聚操作来共同说明学习效果。

4.1.2.7 实验器材

12支网球拍（伟士530型）和200个网球（STAR），两台三脚架摄像机（SONY，HDR-SR12），一片标准的双打网球场地（23.77米×8.23米，网高1.07米，网中间高0.914米）。

4.1.2.8 数据采集与分析

一台摄像机设置在受试右侧双打边线外，三脚架前边的支脚距离双打边线130厘米、距离端线的延长线10厘米左右，左、右两个支脚距离双打边线均为 160 厘米。镜头距离地面 140 厘米，调整镜头焦距，确保清晰摄下受试完成正手击球动作的完整姿势。另一台摄像机设置在受试对面场地同侧双打边线外、中网与发球线之间，前边的支角距离双打边线 160 厘米、距离发球线的延长线 30 厘米左右，左、右两个支角距离双打边线 190 厘米，镜头距离地面 150 厘米，调整焦距，确保摄下所有的得分区域。与此同时，两名计分者站在受试对面的摄像机右侧 100 厘米左右、距离双打边线 180 厘米左右，记录球的落点得分（0、1、1、2、3、1、2、1……，每位受试有 20 个得分，下同），测试结束后与摄像机拍摄的结果进行核对，以确保准确记录击球成绩。

采用 SPSS17.0 对实验数据进行数理统计分析，显著水平定在 $\alpha = 0.05$。

4.1.3 结果

4.1.3.1 击球准确性

以前测击球准确性为协变量，对保持测试中的击球准确性进行单因素方差分析结果显示，$F_{(2, 33)} = 7.103$，$p<0.01$，说明在控制了前测击球准确性的影响后，三组受试的击球准确性增加的均数有显著差异（见表4–1）。

表 4–1　击球准确性协方差分析表

误差来源	平方和	自由度	均方和	F 值	p 值
前测中的击球准确性	0.131	1	0.131	9.607	0.004
学习方式	0.197	2	0.099	7.221	0.003
残差	0.437	33	0.014		
总和	24.140	36			

两两比较结果显示，外显组和类比组击球准确性显著低于结合组，$p<0.01$，$p<0.05$，外显组与类比组击球准确性之间没有显著差异，这表明结合组受试的正手击球准确性好于外显组和类比组。迁移测试中，单因素方差分析结果显示，三组的击球准确性有显著差异，$F_{(2, 33)} = 3.49$，$p<0.05$。由于方差具有齐性，采用 LSD 法对各组均值进行多重比较，结果显示，外显组击球准确性显著低于类比和结合组，$p<0.05$，$p<0.05$，类比组和结合组击球准确性之间无显著差异，这表明类比组和结合组学习者的击球准确性好于外显组（图4–2）。

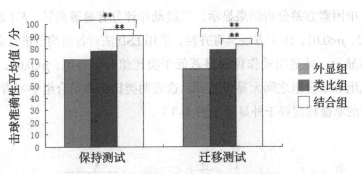

图 4-2　不同学习方式的击球准确性

4.1.3.2 动作评分

为了保证主观评估的公正合理性，通常需要多个（两个或两个以上）评分者对同一个主观项目进行评分，以尽量减少由单个评分者评估造成的偏差。如果由两位评分者对同一项目进行评分，且数据为定距（或定比）数据，在数据满足正态分布的情况下，可以采用参数检验方法——皮尔逊相关系数（Pearson's Correlation Coefficient）检验，以判断评分者的评分是否相对一致[235]。因此，本研究采用皮尔逊相关系数对两位评分者的评分进行了统计分析，结果表明：前测 $r = 0.96$，保持测试 $r = 0.95$，迁移测试 $r = 0.96$，可以认定评分者内部一致性信度较高。

以前测的动作评分为协变量，对保持测试中三组的动作评分进行单因素方差分析结果显示，$F_{(2, 32)} = 16.018$，$p < 0.01$，说明在控制了前测动作评分的影响后，三组受试动作评分增加的均数有显著差异（见表4-2）。

表 4-2　动作评分的协方差分析表

误差来源	平方和	自由度	均方和	F 值	p 值
前测的动作评分	5.771	1	5.771	0.085	0.772
学习方式	2163.714	2	1081.857	16.018	0.000
残差	2161.229	33	67.538		
总和	233783.500	36			

两两比较结果显示，外显组和类比组动作评分均显著低于结合组，$p < 0.01$，$p < 0.01$，外显组和类比组的动作评分之间无显著差异，这表明

结合组学习者正手击球动作的掌握程度好于外显组和类比组。迁移测试中，单因素方差分析结果显示，三组动作评分有显著差异，$F(2, 33) = 19.22$，$p<0.01$，由于方差具有齐性，采用 LSD 法对各组均值进行多重比较，结果显示，外显组动作评分显著低于类比组和结合组，$p<0.01$，$p<0.01$，类比组和结合组之间无显著差异，这表明类比组和结合组学习者正手击球动作的掌握程度好于外显组（图 4-3）。

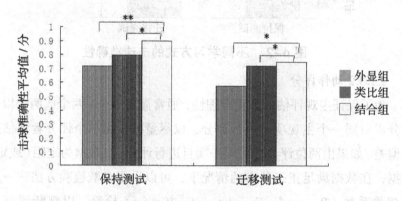

图 4-3　不同学习方式的动作评分

4.1.3.3 动作知识数量

对收集到的动作知识进行随机编辑并重新安排，两位独立的评分人进行评定。为了验证两位评分者对动作知识数量的主观评分标准的一致性，采用 Pearson 相关系数对两位评分者的评分进行了统计分析，结果表明：$r = 0.97$，可以认定评分者内部一致性信度较高。实验前 36 名受试均报告"不会"或"不知道如何正手击球"，即知晓的动作知识数量为零，表明所有受试均不知晓网球正手击球的动作知识。

对迁移测试后收集的动作知识数量进行单因素方差分析结果显示，三组受试之间知晓的动作知识数量有显著差异，$F(2, 33) = 82.97$，$p<0.01$。

表 4-3　动作知识数量的单因素方差分析表

误差来源	平方和	自由度	均方	F 值	P 值
组间	356.931	2	178.465	82.973	0.000
组内	70.979	33	2.151		
总和	427.910	35			

两两比较结果显示，类比组知晓的动作知识数量显著低于外显组和结合组，$p<0.01$，$p<0.01$，外显组知晓的动作知识数量显著低于结合组，$p<0.01$，这表明结合组学习者知晓的动作知识多于外显组和类比组，外显组多于类比组（图4-4）。

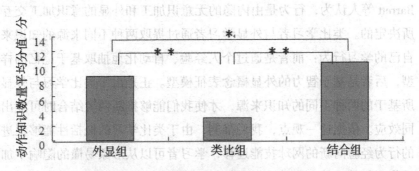

图4-4　不同学习方式组动作知识数量

注：* 表示 $p < 0.05$，** 表示 $p < 0.01$。

4.1.4 讨论

4.1.4.1 击球准确性

在保持测试中，结合组学习者正手击球准确性好于外显组和类比组，这一结果与前人的研究结果一致[236]，表现出类比与外显学习的协同效应。这可能是因为类比学习与外显学习各有利弊，两者的结合可以起到扬长避短的作用。作为内隐学习方法之一的类比学习是概念驱动加工，强调个体运用自己已有的知识经验和概念来理解新的知觉对象。在实验一中，类比指导语描述的是个体较常接触或比较熟悉的动作或事物，采用通俗易懂的语言隐喻了网球正手击球的运动学整体形象特征，具有很高的概括性和强健性，能够促进已有的行为知识向网球运动技能迁移，但这种原有知识系统引起的自上而下的概念驱动加工在运动技能学习的初期容易出错。外显学习是数据驱动加工，学习者根据自己所接收到的数据（即言语信息）来自下而上地逐步感知数据的特征。在本研究中，外显学习者通过对一条条正手击球动作外显知识的学习，对进入感觉系统的听觉的或视觉的信息进行分析，抽取特征，识别动作环节之间的联系，提取了动作的具体特征，最后达到对正手击球动作的解释。这种加工可以随环境的变化而不断得到调整，具有很高的灵活性，通过纠错过程促进对不理想动作的纠正，因而控制精确，但这种加工比较缓慢且容易遗忘。根据这两种学习的特征，Barrett 等人认为，行为是由内隐的无意识加工和外显的意识加工交互作用所决定的。类比学习者与外显学习者通过提取两种不同来源的知识来控制自己的学习行为：前者是通过个人经验、自动化地抽取基于记忆的样例模型，后者是基于智力的外显概念表征模型。正是由于类比学习与外显学习所基于的两种不同的知识来源，才使我们能够推断两者结合时可能出现协同效应。依据这一观点，我们推测，由于类比学习的概括性能够促进已有的行为经验向新的网球技能迁移，学习者可以从形象易懂的隐喻中加深对动作要领的理解，而外显学习的纠错机制具有控制精确的特性，这两者协同产生的学习效应可能是结合组学习者正手击球准确性比其他两组学习者好的原因之一。这与前人的研究结果一致，我国学者对田径、篮球、排球、乒乓球、网球、艺术体操等多个项目中隐喻教学法的教学效果调查显示，比喻性语言是学生最喜欢的语言，也是教师认为最重要也最常用的语言，"术语 + 比喻性语言"要比仅用术语的教学效果好[236]。

迁移测试结果表明，结合组和类比组学习者击球准确性均好于外显组。迁移测试是对学习者习得的技能在环境条件发生变化的情况下适应能力的测试，这种能力的好坏与否表明习得技能的稳定性和抗变异性，是检验学习方式优劣的重要指标之一。本研究的迁移测试条件中，主试送球的落点区域虽和保持测试相同，但送球方式发生了变化，即由直线下落送球变为斜向抛球，球落地弹起后的运动轨迹和速度均发生了变化，对学习者而言，要求击球时具有适应变化的能力。而结合组和类比组学习者的正手击球准确性好于外显组的结果支持了内隐学习具有抗干扰性特征的观点。根据这一理论观点分析，本研究中结合组和类比组学习者采用的是自动化方式控制动作，抗干扰性高。因此，一旦测试条件发生变化，结合组和类比组能够运用整体的运动学形象特征适应测试条件的变化，体现出相对较高的抗干扰能力。而外显组学习者由于掌握的是具体的击球动作特征参数，动作受意识控制的限制，其应对变化和抗干扰能力相对较弱。所以，与结合组和类比组相比，外显组的击球准确性要差。这种差异性可能与类比学习独立于工作记忆的语音环路和视觉空间画板，较少依赖中央执行系统相关。

4.1.4.2 动作评分

在保持测试中，结合组学习者的正手击球动作评分好于类比组和外显组，也表现出类比与外显学习的协同效应。如前所述，类比学习和外显学习的加工机制不同。类比学习是一个从整体到部分、自上而下的概念驱动加工，采用的隐喻既有正手击球动作形态、轨迹的表面相似性，又有动作的结构相似性，是对正手击球动作的运动学特征的抽象与概括，使抽象规则视觉化，直观形象，把复杂而不容易理解的正手击球动作解释得清清楚楚，有利于整体运动表象的形成与建立。而外显学习是一个从部分到整体、自下而上的数据驱动加工，外显学习者获得的外显规则是对正手击球动作特定环节间联系的描述，虽然详细但不容易记住且容易遗忘。类比学习与外显学习相结合，产生了自上而下的概念迁移和自下而上的探查、纠错的双加工，而这种双加工可能更有利于学习者在学习运动技能的初期习得整体的技术动作。

迁移测试结果表明，结合组与类比组学习者掌握技术动作的程度好于外显组，这一研究结果与 Paivio 关于内隐学习的研究结果一致[237]，即内隐学习是将一个完整的表象作为一个单位来处理，能对一大堆相关表象同时进行加工处理，从而迅速、敏捷地进行整体性的全方位的加工活动，很少因细节上的不足而中断，且在识别隐蔽和变形事物上有很大优势。作为内隐学习的一种新方法，类比学习对动作的形象化比喻属于一种整体表象记忆，因此与外显学习相比，对技术动作整体表征的掌握更有效。

在运动技能学习初期，较快地掌握技术动作要领是保证达成动作行为目标的前提。由于结合组学习者较好地掌握了网球正手击球的动作要领，从而保证了击球准确性的提高。因此，类比学习和外显学习相结合的协同效应在击球准确性和动作评分上同时得到了体现。

4.1.4.3 动作知识数量

类比组学习者知晓的动作知识数量少于外显组，类比组和外显组学习者知晓的知识数量均少于结合组。这是因为内隐学习知识与外显学习知识采用的是两种不同的表征，因而可通达意识的程度不同。在运动技能学习的整合模型——CLARION 模型中，顶层外显知识由局域符号表征加工，每个单元都清晰易解且有更清晰的概念意义，易为意识通达；而底层内隐学习知识使用的亚符号分布式表征虽具有概括力，但没有联结语义标签，不易为意识通达，"只可意会，不可言传"，因而是缄默的。本研究中，外显组学习者接受的 16 条正手击球外显知识是有清晰意义的，能够被意识提取。类比学习者集中注意于简单的类比规则，因而获得其他任务参数的外显知识的可能性较小。类比学习采用的隐喻是学习者身边非常熟悉的可感可知的事物和现象，也容易为意识提取，但由于高度概括的 4 条知识对正手击球动作各环节的联结语义标签较少，因而为意识通达的数量较少，致使类比学习者掌握的知识数量少于外显组。结合组学习者既接受 16 条外显知识，又接受 4 条类比知识。而类比知识中的隐喻正手击球动作的外显知识囊括为数量较少的组块，既减少了工作记忆负荷，又扩大了工作记忆的信息容量。这些熟悉的隐喻记忆使学习者能够将不熟悉的正手击球动作变得具体、生动、形象、更容易理解和接受，加速了言语信息的吸收或同化，为学习者提供了建立整体运动表象和动作概念的线索，从而使结合组学习者掌握的知识数量多于外显组和类比组。这验证了佩奥（Paivio）的双重信息编码理论假设，在长时记忆中，存在两种相互独立、密切联系的符号编码系统：语义编码系统专门处理语言信息，表象编码系统专门处理非语言的客体和事件的知觉信息，两者专门负责信息的编码、组织、转换、存储和提取。研究表明，图画比词更容易被记住，这是因为图像可以被表象编码系统进行强有力的信息加工，同时还能够在中等强度上得到语义编码系统的加工处理。

综上所述，在保持测试和迁移测试中，结合组学习者的击球准确性和动作评分均好于类比组和外显组，掌握的知识数量也多于类比组和外显组。这些结果验证了本研究的假设，即在网球初学者的技能学习中存在类比学习与外显学习的协同效应，类比与外显相结合的协同学习获得的绩效好于单一的类比学习或单一的外显学习[238]。

4.1.5 结论

学习方式这一要素是影响运动技能学习绩效的重要因素之一。在男子大学生正手击球的学习中存在类比学习与外显学习的协同效应，在保持测试中，结合组学习者的击球准确性、动作评分好于单一外显组和类比组；在迁移测试中，结合组和类比组的击球准确性、动作评分好于单一外显组；在知晓动作知识的评价中，结合组学习者习得的动作知识数量多于外显组和类比组，外显组多于类比组。

4.2 实验二 类比学习与外显学习的不同组合方式对初学者学习不同性质网球技能的影响——从闭锁性和开放性技能的视角

4.2.1 研究目的

实验一探讨了类比学习、外显学习、类比与外显协同学习对网球技能学习的影响。结果表明，在大学生初学者正手击球的学习中存在类比学习与外显学习的协同效应，结合组学习者的击球准确性、动作评分和动作知识的掌握程度好于单一外显组和类比组。

研究内隐与外显的协同学习时，首先应当确定内隐与外显训练阶段结合的最佳顺序。这方面的研究主要集中在人工语法学习领域，Mathews等人利用强分离程序–匹配（match）和编辑（edit）范式，学习任务分为匹配–编辑组，编辑–匹配组，混合组，分别相当于内隐–外显组、外显–内隐组、内隐与外显混合组，在实现内隐学习与外显学习暂时性分离的前提下，把两种学习方式进行不同形式的组合。根据Bandura的三元交互作用理论[239]，学习受到任务、个体和环境的共同影响。在运动技能学习领域，任务性质是影响技能学习效果的要素之一。根据执行运动技能中环境线索的可预测性，可将运动技能分为闭锁性和开放性两类。Schmidt认为，闭锁性技能和开放性技能是一个连续体上的两个极端，绝大多数运动技能处于二者之间，只是环境变化的程度不同而已。有研究者指出，由于在刺激的可预测性、刺激－反应选择数量等方面的不同，闭锁性技能和开放性技能的难度或复杂程度不同，因此相应的练习方法可能也有所不同。范文杰提出，对于复杂运动技能，尤其是一些开放性的运动技能的认知，让练习者在无指导的情况下先自己进行一定时间的练习（内隐认知）后，指导者再进行必要的指导（外显认知），这种组合方式的认知效果将好于单纯的外显认知或单纯的内隐认知以及先外显后内隐的认知效果。在人工语法学习领域，在材料难度（或复杂程度）大的学习中，匹配－编辑学习组的成绩最好；在材料难度小的学习中，匹配与编辑交替的学习成绩最好。由此推论，在闭锁性和开放性运动技能学习中，类比学习与外显学习的最佳组合方式可能不同，而此类研究至今未见报道。基于此，本研究的理论假设为：学习闭锁性技能时，类比与外显学习同时进行的组合方式获得的绩效好于外显－类比和类比－外显学习方式；学习开放性技能时，类比－外显学习方式获得的绩效好于外显－类比和类比与外显同时进行的学习方式。

4.2.2 研究对象与方法

4.2.2.1 研究对象

随机抽取 72 名大学一年级右利手男生（年龄为 19.28 ± 0.85 岁），裸眼或矫正视力正常，身体健康，自愿参加本实验。受试均为网球初学者，被随机分入闭锁性技能任务组和开放性技能任务组，再将两组受试随机分为三组（每组 12 名）：外显－类比组、类比－外显组、同时进行组。

4.2.2.2 实验设计

实验采用 2×3 的双因素设计，任务性质有两个水平：闭锁性和开放性；学习方式有三个水平：外显－类比学习、类比－外显学习、类比与外显学习同时进行。

4.2.2.3 实验任务

本研究中闭锁性任务和开放性任务均为网球正手击球。闭锁性任务同实验一，由于主试直臂、右手持球，五指自然松开，使球自由落体式落至固定的圆内，球的落点区域没有变化，球落地后弹起的高度和方向是可预测的，受试在稳定的、可预测的环境中完成动作，可以预先制定相应的计划。如前所述，Schmidt 认为，完成闭锁性技能的环境是可以变化的，如魔术表演和工厂生产流水线上的工作任务，不过这种变化是可以预测的或经过练习可以熟练掌握的，操作者可事先制定相应的操作计划，在操作过程中加以实施。因而，根据 Schmidt 的观点，本研究采用的技能可认定为闭锁性技能。开放性任务：受试持拍站在端线中点处，主试站在发球线与单打边线交界处，用手自后下方向前上方、斜向随机抛窄线球或中线球（根据统计学原理确定 1 ~ 20 个球的随机顺序：88756 66605 33843 43623，奇数为窄线球，偶数为中线球）。窄线球落在半径为 20 厘米、圆心距离端线 150 厘米、距离中线延长线 60 厘米的圆内；中线球落在半径 20 厘米、圆心距离端线 150 厘米、距离中线延长线 120 厘米的圆内。待球落地反弹后，受试用正手将球击至目标区域，并尽可能击至得分最多区域。由于主试用手自下而上、斜向随机抛窄线球或中线球，球的落点在两个不同的圆形区域之间随机变化，球落地弹起后的高度和方向也随机变化，受试完成动作的环境不可预测，无法提前制定计划，必须根据不断变化的环境特征做出不同的接球策略，因而可认定为是开放性技能。练习前告诉受试，本研究考察的是击球准确性和标准的动作姿势，不考察击球速度，以避免速度 - 准确性的权衡。一名助手监督主试的发球情况，如果球的落点不在指定区域内，及时告知发球主试和记分员发球无效并补发。

4.2.2.4 学习指导语

学习指导语同实验一（见附录五）。外显 - 类比组受试在第一单元练习中先接受正手击球外显学习指导语，在第二单元接受类比学习指导语；类比 - 外显组受试在第一单元练习中先接受类比学习指导语，在第二单元接受外显学习指导语；同时进行组受试在第 1 个组块的练习中，主试用外显学习指导语讲解完相对应的环节之后立刻插入类比学习指导语，在第 2 个组块的练习中，主试用类比学习指导语讲解完相对应的环节之后立刻插入外显学习指导语；此后依次交替进行。

4.2.2.5 实验程序

实验为期 9 天（每天 1 小时），分为两个单元。第 1 天，向受试介绍实验过程，要求受试在参加实验期间除规定的练习外，不能进行类似的任务练习；发放《体育锻炼情况调查表》和《知识数量调查表》，要求受试"详细描述完成网球正手击球动作的过程并写下来"，以此收集知识数量并筛选出有效受试（每组 12 人）。进行准备活动和正手击球握拍方法的指导后，进行 20 次的击球准确性测试（前测），然后进入第一学习单元，每组受试进行一个组块的练习：集体挥空拍 20 次、随后每人单独进行正手击球练习 20 次。

第 2 ~ 4 天，每组受试每天进行三个组块的练习：第一、二个组块中，受试集体挥空拍 20 次、随后每人单独进行正手击球练习 20 次；第三个组块中集体挥空拍 30 次、单独正手击球练习 30 次。

第 5 天，每组受试进行两个组块的练习：第一个组块中集体挥空拍 20 次、单独正手击球练习 20 次；第二个组块中集体挥空拍 30 次、单独正手击球 30 次。练习中，主试在每一组块练习前集中示范动作一次并同时重述一遍与各组相对应的指导语。然后进入第二学习单元的练习，每组受试进行一个组块的练习：集体挥空拍 20 次、随后每人单独进行正手击球练习 20 次。

第 6 ~ 8 天的练习方式和练习数量与第 2 ~ 4 天相同，第 9 天的练习方式和练习数量与第 5 天相同。主试在每一组块练习前同样集中示范动作一次并同时重述一遍与各组相对应的指导语。

第 9 天当受试集体挥空拍和击球练习数量均与第一单元相同时，休息 10 min 后进行保持测试（20 次正手击球），最后进行迁移测试。迁移测试的方法是：在闭锁性技能任务中，受试持拍站在端线中点处，主试站在发球线与单打边线交界处，用手自后下方向前上方、斜向抛球至受试身体右侧的圆形区域内（落点区域同保持测试），待球落地弹起后，受试用正手将球击到目标区域（目标区域与保持测试相同）。主试与受试之间的距离增大，情境发生了变化。在开放性技能任务中，受试持拍站在端线中点处，主试依然站在发球线与单打边线交界处，用手自后下方向前上方、斜向随机抛窄线球或宽线球，窄线球的落点区域同闭锁性任务，宽线球落在半径为 20 厘米、圆心距离端线 150 厘米、距离中线延长线 180 厘米的圆内，受试用正手将球击至目标区域，目标同保持测试。窄线球和宽线球的落点区域之间的距离比窄线球和中线球之间的距离增大，受试跑动的距离增大，情境发生了变化。在测试阶段主试不提供指导语。迁移测试结束后，要求受试想象，"假如你的朋友来到网球场，请你尽可能详细地描述完成正手击球动作的过程，以便使你的朋友能重复你的动作"。鼓励受试写下完成上旋正手击球时采用的任何与动作相关的规则、方法、技术等知识。

在实验中，依据分组不同将写有不同指导语的展板放在网前，以避免同一名主试分组异时授课时，因口误引起指导语混淆。一名受试击球时，一名助手组织其他受试在帷幕后进行球性练习，不允许观察他人击球。

4.2.2.6 评价指标

击球准确性：击球准确性是网球技能学习中评定学习效果最常采用的一个客观指标。本研究中，用黄色胶带标出三个得分区域：受试对面同侧场地，由单打边线向右 150 厘米的端线与由端线向网前 150 厘米的单打边线为边长构成正方形区域 3，由距离端线 300 厘米且平行于端线的直线与距离单打边线 300 厘米且平行于单打边线的直线以及区域 3 外的单打边线和端线共同构成区域 2，发球线与球场中线的延长线以及区域 2 外的单打边线和端线共同构成区域 1。将写有 1、2、3 的三块纸板分别放在得分区域 1、2、3 处，将球打到区域 3 得 3 分、区域 2 得 2 分、区域 1 得 1 分，黄线以外不得分（如图 4-1 所示）。

动作评分：动作姿势对动作准确性有着重要的影响，因此在实际的体育教学或运动训练中，技评也是经常采用的一种主观手段，辅助客观指标来评价运动技能学习的效果。根据网球教师或教练的确认建立《网球正手击球技能评定标准》（见附录六）。将每位受试的击球动作视频编辑成独立的文件进行随机编辑，重新分成三组，由两位独立的评分者对受试平击发球动作姿势进行评定，取两者的平均分作为受试的动作评分。总分 100 分，动作完整性占 80 分，其中包括准备姿势 10 分（5 条，每条 2 分）、后摆引拍和挥拍击球 60 分（7 条，每条 8.5 分）、随挥跟进 10 分（5 条，每条 2 分）；动作流畅性占 20 分。动作流畅性分数与动作完整性分数的比例为 1∶4，当评分者计算出动作完整性分值后，依据上述比例赋予动作流畅性分值。例如，如果受试的动作完整性得分为 70 分，则动作流畅性分数为 17.5 分，四舍五入取整数。

动作知识数量：动作要领的掌握程度也是影响技能学习效果的一个重要指标，言语报告是运动技能内隐学习测量最通用的手段，一般在实验前、后要求受试尽可能详细地描述他们在技能操作过程中使用的策略、方法、技术等。已有的类比学习研究中，研究者也多采用这一指标来解释研究结果。依据外显学习指导语，外显知识数量为 16 条，每条为 1 分；依据类比学习指导语，类比知识数量为 4 条，每条为 1 分；两种知识数量的总和为 20 条共 20 分。随机编辑受试，由两位独立的评分者对其动作知识进行评定，取两者的平均分。

本研究主要采用击球准确性这一客观指标来评价技能学习效果，但在实际的体育教学和运动训练中，动作姿势和动作要领的掌握程度也是评价技能学习效果经常采用的指标，是对客观指标的辅助说明，通过主观指标与客观指标的会聚操作来共同说明学习效果。

4.2.2.7 实验器材

12 支网球拍（伟士 530 型）和 200 个网球（STAR），两台三脚架摄像机（SONY，HDR-SR12），一片标准的双打网球场地（23.77 米 × 8.23 米，网高 1.07 米，网中间高 0.914 米）。

4.2.2.8 数据采集与分析

一台摄像机设置在受试右侧双打边线外，三脚架前边的支脚距离双打边线 130 厘米、距离端线的延长线 10 厘米左右，左、右两个支脚距离双打边线均为 160 厘米。镜头距离地面 140 厘米，调整镜头焦距，确保清晰摄下受试完成正手击球动作的完整姿势。另一台摄像机设置在受试对面场地同侧双打边线外、中网与发球线之间，前边的支角距离双打边线 160 厘米、距离发球线的延长线 30 厘米左右，左、右两个支角距离双打边线 190 厘米，镜头距离地面 150 厘米，调整焦距，确保摄下所有的得分区域。与此同时，两名计分者站在受试对面的摄像机右侧 100 厘米左右、距离双打边线 180 厘米左右，记录球的落点得分（0、1、1、2、3、1、2、1……，每位受试有 20 个得分，下同），测试结束后与摄像机进行核对，以确保准确记录击球成绩。

采用 SPSS17.0 对实验数据进行数理统计分析，显著水平定在 $\alpha = 0.05$。

4.2.3 结果

4.2.3.1 击球准确性

以前测中的击球准确性为协变量，对保持测试中的击球准确性进行协方差分析，结果显示，前测击球准确性主效应显著，$F_{(1, 66)} = 6.15$，$p < 0.05$，任务性质主效应显著，$F_{(1, 66)} = 13.62$，$p < 0.01$，学习方式主效应显著，$F_{(2, 66)} = 5.76$，$p < 0.01$，任务性质和学习方式交互作用显著，$F_{(2, 66)} = 6.46$，$p < 0.01$（见表 4-4）。因素 B（学习方式）简单效应检验结果显示，在因素 A_1（闭锁性任务）和 A_2（开放性任务）水平上均有显著差异，$F = 6.80$、$p < 0.01$，$F = 3.70$、$p < 0.05$。在闭锁性任务中，方差具有齐性，因此选择用 LSD 法进行各组均值之间的多重比较。结果显示，外显－类比组和类比－外显组受试的击球准确性均显著低于同时进行组，$p < 0.01$，$p < 0.05$，外显－类比组和类比－外显组之间无显著差异，这说明对于闭锁性任务而言，同时进行组受试的击球准确性好于另外两组。在开放性任务中，方差具有齐性，因此选择用 LSD 法进行各组均值之间的多重比较。结果显示，外显－类比组和同时进行组受试的击球准确性均显著低于类比－外显组，$p < 0.05$，$p < 0.05$，外显－类比组和同时进行组之间没有显著差异，这说明操作开放性任务时，类比－外显组受试击球准确性好于另外两组（如图 4-5 所示）。

表4-4 不同性质任务中各组保持测试击球准确性的协方差分析表

误差来源	平方和	自由度	均方和	F值	p值
前测中的击球准确性	0.091	1	0.091	6.150	0.016
任务性质	0.202	1	0.202	13.616	0.000
学习方式	0.171	2	0.085	5.757	0.005
任务性质 * 学习方式	0.192	2	0.096	6.463	0.003
残差	0.964	66	0.015		
总和	32.067	72			

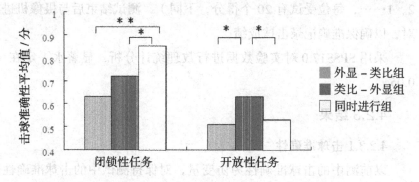

注：* 表示 $p < 0.05$，** 表示 $p < 0.01$，下同。

图4-5 不同性质任务中各组保持测试的击球准确性

以前测中的击球准确性为协变量，对迁移测试中的击球准确性进行协方差分析，结果显示，前测击球准确性主效应不显著，$F_{(1, 65)} = 2.14$，$p > 0.05$，任务性质主效应显著，$F_{(1, 65)} = 23.34$，$p < 0.01$，学习方式主效应显著，$F_{(2, 65)} = 5.31$，$p < 0.01$，任务性质和学习方式交互作用显著，$F_{(2, 65)} = 6.05$，$p < 0.01$（见表4-5）。

表4-5 不同性质任务中各组迁移测试击球准确性的协方差分析表

误差来源	平方和	自由度	均方和	F值	p值
前测中的击球准确性	0.035	1	0.035	2.141	0.148
任务性质	0.385	1	0.385	23.344	0.000
学习方式	0.175	2	0.088	5.309	0.007
任务性质 * 学习方式	0.200	2	0.100	6.053	0.004
残差	1.072	66	0.016		
总和	25.427	72			

因素 B（学习方式）简单效应检验结果显示，在因素 A_1（闭锁性任务）、A_2（开放性任务）水平上有显著差异，$F = 7.08$、$p<0.01$，$F = 3.46$、$p<0.05$。闭锁性任务中，方差具有齐性，因此选择用 LSD 法进行各组均值之间的多重比较。结果显示，外显－类比组和类比－外显组受试的击球准确性均显著低于同时进行组，$p<0.01$，$p<0.05$，外显－类比组和类比－外显组之间无显著差异，这说明对于闭锁性任务而言，同时进行组受试的击球准确性好于另外两组。在开放性任务中，方差具有齐性，因此选择用 LSD 法进行各组均值之间的多重比较。结果显示，外显－类比组和同时进行组受试击球准确性显著低于类比－外显组，$p<0.05$，$p<0.05$，外显－类比组和同时进行组受试之间无显著差异，这说明在操作开放性任务时，类比－外显组受试的击球准确性好于另外两组（如图 4-6 所示）。

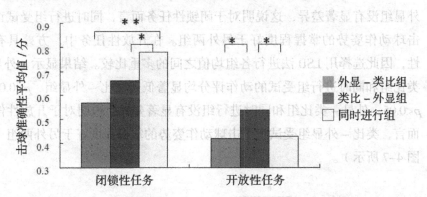

图 4-6　不同性质任务中各组迁移测试击球准确性

4.2.3.2 动作评分

采用皮尔逊相关系数（Pearson's Correlation Coefficient）验证两位评分者对动作评分的主观评分标准的一致性，结果表明：前测 $r = 0.96$，保持测试 $r = 0.94$，迁移测试 $r = 0.96$，可以认定评分者内部一致性信度较高。

以前测动作评分作为协变量，对保持测试的动作评分进行协方差分析，结果显示，前测动作评分主效应显著，$F(1, 66) = 7.08$，$p<0.05$，任务性质主效应显著，$F(1, 66) = 52.74$，$p<0.01$，学习方式主效应显著，$F(2, 66) = 5.08$，$p<0.01$，任务性质和学习方式交互作用显著，$F(2, 66) = 5.82$，$p<0.01$（见表 4-6）。

表 4-6　不同性质任务中各组保持测试动作评分的协方差分析表

误差来源	平方和	自由度	均方和	F 值	p 值
前测中的动作评分	183.639	1	183.639	7.081	0.010
任务性质	1367.841	1	1367.841	52.744	0.000
学习方式	263.882	2	131.941	5.088	0.009
任务性质*学习方式	301.692	2	150.846	5.817	0.005
残差	1685.695	66	25.934		
总和	402654.000	72			

因素 B（学习方式）简单效应检验结果显示，在因素 A_1（闭锁性任务）、A_2（开放性任务）水平上有显著差异，$F = 5.18$、$p<0.05$，$F = 4.87$、$p<0.05$。在闭锁性任务中，方差不齐性，因此选择用 Tamhane 法进行各组均值之间的多重比较。结果显示，外显－类比组与类比－外显组受试的动作评分均显著低于同时进行组，$p<0.05$，$p<0.05$，外显－类比组与类比－外显组没有显著差异，这说明对于闭锁性任务而言，同时进行组受试正手击球动作姿势的掌握程度好于另外两组。在开放性任务中，方差具有齐性，因此选择用 LSD 法进行各组均值之间的多重比较。结果显示，外显－类比组和同时进行组受试的动作评分均显著低于类比－外显组，$p<0.01$，$p<0.05$，外显－类比组和同时进行组没有显著差异，说明对于开放性任务而言，类比－外显组受试正手击球动作姿势的掌握程度好于另外两组（如图 4-7 所示）。

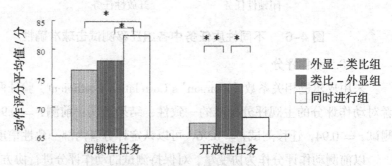

图 4-7　不同性质任务中各组保持测试的动作评分

以前测动作评分作为协变量，对迁移测试的动作评分进行协方差分析，结果显示，前测动作评分的主效应显著，$F(1, 66) = 8.56$，$p<0.01$，任务性质主效应显著，$F(1, 66) = 30.93$，$p<0.01$，学习方式主效应不显著，

任务性质和学习方式交互作用显著，$F(2, 66) = 4.88$，$p<0.05$（见表4-7）。因素B（学习方式）简单效应检验结果显示，在因素A_1（闭锁性任务）、A_2（开放性任务）水平上有显著差异，$F = 3.55$、$p<0.05$，$F = 3.39$、$p<0.05$。闭锁性任务中，方差具有齐性，因此选择用LSD法进行各组均值之间的多重比较。结果显示，外显-类比组和类比-外显组受试的动作评分均显著低于同时进行组，$p<0.05$，$p<0.05$，外显-类比组和类比-外显组没有显著差异，这说明对于闭锁性任务而言，同时进行组受试正手击球动作姿势的掌握程度好于另外两组。在开放性任务中，方差具有齐性，因此选择用LSD法进行各组均值之间的多重比较。结果显示，外显-类比组和同时进行组受试的动作评分均显著低于类比-外显组，$p<0.05$，$p<0.05$，外显-类比组和同时进行组没有显著差异，这说明对于开放性任务而言，类比-外显组受试正手击球动作姿势的掌握程度好于另外两组（如图4-8所示）。

表 4-7 不同性质任务中各组迁移测试动作评分的协方差分析表

误差来源	平方和	自由度	均方和	F值	p值
前测中的动作评分	368.641	1	368.641	8.559	0.005
任务性质	1332.064	1	1332.064	30.929	0.000
学习方式	239.273	2	119.636	2.778	0.070
任务性质*学习方式	420.435	2	210.217	4.881	0.011
残差	2799.442	66	43.068		
总和	372703.000	72			

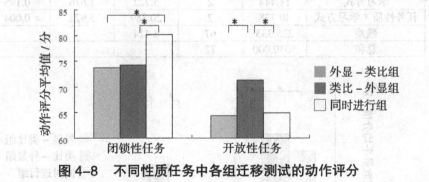

图 4-8 不同性质任务中各组迁移测试的动作评分

4.2.3.3 动作知识数量

为了验证两位评分者对动作知识的主观评分标准的一致性，采用皮尔逊相关系数对两位评分者的评分进行了统计分析，结果表明：后测$r = 0.91$，可以认定评分者内部一致性信度较高。前测中，不同学习方式组受试的动作知识为零，表明所有受试均不知晓正手击球的动作要领。对动作知识数量进行双因素方差分析结果显示，任务性质主效应显著，$F(1, 67) = 23.50$，$p<0.01$，学习方式主效应不显著，任务性质和学习方式交互作用显著，$F(2, 67) = 5.97$，$p<0.01$（见表4–8）。因素 B（学习方式）简单效应检验结果显示，在因素 A_1（闭锁性任务）、A_2（开放性任务）水平上有显著差异，$F = 3.67$、$p<0.05$，$F = 4.02$、$p<0.05$。闭锁性任务中，方差具有齐性，因此选择用 LSD 法进行各组均值之间的多重比较。结果显示，外显－类比组和类比－外显组受试的外显知识均显著低于同时进行组，$p<0.05$，$p<0.05$，外显－类比组和类比－外显组没有显著差异，这说明对于闭锁性任务而言，同时进行组受试习得的外显知识多于另外两组。在开放性任务中，方差具有齐性，因此选择用 LSD 法进行各组均值之间的多重比较。结果显示，外显－类比组和同时进行组受试的外显知识均显著低于类比－外显组，$p<0.05$，$p<0.05$，外显－类比组和同时进行组没有显著差异，这说明对于开放性任务而言，类比－外显组受试习得的外显知识多于另外两组（如图4–9所示）。

表 4–8   不同性质任务中各组动作知识数量的方差分析表

误差来源	平方和	自由度	均方和	F 值	p 值
任务性质	80.222	1	80.222	23.497	0.000
学习方式	11.444	2	5.722	1.676	0.195
任务性质 * 学习方式	40.778	2	20.389	5.972	0.004
残差	225.333	67	3.414		
总和	5030.000	72			

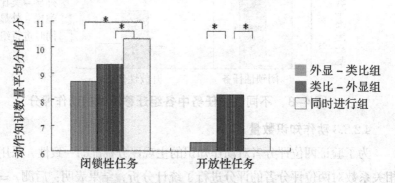

图 4–9   不同性质任务中各组的动作知识数

4.2.4 讨论

在实验前的测试中,不同任务中三组受试的正手击球准确性、动作评分和动作知识相同,这说明在实验前,不同任务中三组学习者的正手击球技能处于同一水平。

4.2.4.1 闭锁性技能任务中的绩效

在保持测试中,同时进行组学习者的击球准确性、动作评分和知识的掌握程度均好于外显 – 类比组和类比 – 外显组。运动技能学习可能既包括认知层面的操作规则、操作策略等信息的学习,又包括肌肉层面的肢体间协调模式的学习,闭锁性技能是在稳定和可预见的环境中操作的技能,学习者可事先制定相应的操作计划,通常只需重复相同的反应,因而技能操作方面的学习负荷较低,学习者可以将有限的工作记忆资源分配到认知层面记忆指导语的学习上。已有研究表明,运动技能的内隐学习不需要或极少需要注意。作为一种实用的内隐学习方法,类比学习极少占用工作记忆资源,而且类比知识通过隐喻将分散的、数量较多的外显知识组合成整体的、数量较少的组块(chunking),扩大了工作记忆的信息容量,提高了工作记忆的加工效率。而内隐学习和外显学习各有利弊,内隐加工迅速,是无意识的、整体的,但不精确;外显加工是有意识的、精确的,但缓慢。显而易见,必须将内隐与外显学习以某种方式结合起来才能达到扬长避短的效果。首先,同时进行组学习者同时接受的外显知识和类比知识采用的是两种不同的表征:外显知识由局域符号表征,每个单元都有清晰易解的语义标签,具体详细、精确;类比知识是亚符号分布式表征,具有概括力,隐喻将完成正手击球动作所需的诸多复杂规则囊括为整体的、数量较少的组块,既减少了工作记忆负荷,又扩大了工作记忆的信息容量,但这种知识不够具体。两种知识的协同加工促进了知识间的吸收和同化,外显知识使类比知识逐渐具体化,类比知识使外显知识更加形象化,学习者更容易理解和记忆正手击球的动作要领,有利于动作知识的掌握。其次,作为内隐学习方法之一的类比学习是概念驱动加工,强调个体运用自己已有的知识经验和概念来理解新的知觉对象,是从整体到部分、自上而下的加工[48]。

同时进行组中的类比学习采用的是肖像映射，是以动作中静态类姿势和动作变化轨迹的形状为主的映射，如本研究中"穿着高跟鞋""跳起来"的隐喻借用生活中个体熟识的"原型""样例"，可以启发和帮助学习者建立正确的动作概念，即准备姿势要"双膝微曲""脚跟离地""重心落于前脚掌"。"引拍就像用拍子画侧倒的 U 的上半部""挥拍击球就好像拍子爬山坡，从山脚向山顶移动，在山腰处击球"这些隐喻将完成正手击球动作的后摆引拍、挥拍击球的轨迹囊括为整体的组块，个体已有的这种日常行为语言远比动作术语更浅显易懂、生动形象，因而便于学习者理解、记忆，有助于达到视觉表象和动觉表象的结合，"亲吻右臂的肱二头肌"采用的是动作映射，与随挥跟进的身体部位运动变化相同，促进整体运动表象和正确动作概念的建立。与此同时，外显学习是由部分到整体、自下而上的加工，可以随环境的变化而不断得到调整，详细的指导语可以为学习者提供反馈所需的参照物以不断改善动作。两种指导语的结合有助于学习者更快、更好地掌握正手击球的动作姿势。最后，在运动技能学习初期，较快地掌握动作要领和动作姿势是保证达成动作行为目标的前提。由于同时进行组学习者是在多种感觉道参与下进行的学习，是整体性知觉学习（外显学习）和本质特征抽象概括学习（类比学习）的结合，因而较快、较好地掌握了网球正手击球的动作要领和动作姿势，进而保证了击球准确性的提高。

外显－类比组中，学习者在第一单元接受的 16 条正手击球动作的外显知识虽然具体、精确，但数量多且比较抽象，初学者很难记住，因而可能影响正手击球动作要领的掌握，进而难以形成整体的运动表象，影响动作姿势的掌握，导致击球准确性难以在短时间内得到提高。而类比－外显组中，指导者先提供的几条类比指导语虽然具有概括性，有利于整体动作表象的形成，但缺乏具体的动作特征，如果击球动作完成得不准确，缺少纠正动作的具体参照系，不利于动作姿势的掌握，虽然在第二单元中指导者提供了外显知识，但前期的学习进程已然受到了影响。

值得注意的是，本研究的结果与上述谢国栋的研究结果不一致，这可能与任务的复杂性和研究对象的年龄差异有关[240]。谢国栋的研究采用的是单一的握力任务，研究对象是中学生，而本研究采用的是动作结构较为复杂的击球任务，研究对象是大学生，这些因素的差异可能是两种研究结果不一致的原因之一。但这种不一致性也支持了在不同的材料性质、个体差异条件下，内隐学习与外显学习的最佳组合方式不同的观点。

众所周知，掌握某项技能的目的不仅仅是为了在相同条件下保持较好的绩效，更重要的是当所学技能在新异环境下操作时，也能获得较好绩效，迁移测试是评价学习者在新异环境下是否具有此类适应或应变能力的方法。根据 Schmidt 的理论观点，如果学习者具有此类适应或应变能力，表明学习者建立或形成了操作该项技能的一般运动程序，说明学习效果更好。迁移测试的结果显示，同时进行组学习者正手击球的准确性、动作评分和知识的掌握程度均好于外显 – 类比组和类比 – 外显组。根据这一观点分析，在学习闭锁性技能任务时，与其他两组相比，类比学习与外显学习同时进行的组合方式可能更有利于一般运动程序的建立和形成，这一结果的内在机制有待今后进一步研究。

综上所述，由于闭锁性技能对工作记忆资源的需求相对较少，同时进行组学习者可以在整个学习过程中同时进行自上而下的类比学习加工和自下而上的外显学习的加工，有效避免了类比学习与外显学习各自的弊端，提高了学习效果，促进了学习进程；而其他两组则是在同一时间内只有一种加工方式。因此，无论在击球准确性、动作评分还是在知识的掌握程度上，两种加工方式同时进行的组合学习效果好于其他两种组合方式。

4.2.4.2 开放性技能任务中的绩效

在保持测试中，类比 – 外显组学习者正手击球的准确性、动作评分和动作知识的掌握程度均好于外显 – 类比组和同时进行组，这与前人的研究结果一致，即对于复杂的认知任务，在明确指导并进行尝试之前，如果学习者前期无意识被动地接触到了任务，即进行内隐学习之后再结合外显学习，效果会更好。本研究中，主试站在靠近发球线与单打边线交界处斜向随机抛窄线球和中线球，球的落点区域和落地弹起后的方向和速度随机变化，学习者需要根据主试的抛球动作和球的空间位置等特征来不断协调肢体并在适宜时机做出适应反应，肌肉层面的学习负荷增加，因而分配到认知层面记忆指导语的工作记忆资源减少。由于工作记忆的容量是有限的[241]，外显 – 类比组和同时进行组学习者在第一单元接受的大量指导语信息可能超过其记忆的容量限度，使信息加工效率下降，影响了正手击球动作知识的理解与记忆，不利于动作要领的掌握，进而影响了动作姿势的质量。运动技能学习包括认知层面记忆动作要领的学习与肌肉层面技能操作的学习，外显－类比组和同时进行组学习者在这两方面较差的绩效导致击球准确性较差。

而类比－外显组受试接受的第一单元的类比学习指导语概括性地涵盖了正手击球动作的结构，比其他两组需加工的信息量大大减少，降低了工作记忆负荷，有助于学习者更好地记忆动作要领。而在第二单元的练习中，外显指导语又进一步细化了动作细节，外显知识与类比知识的相互融合有助于学习者更好地理解和记忆动作要领。另外，认知层面学习负荷的减少可使学习者将剩余的注意容量分配到肌肉层面进行技能操作的信息处理。第一单元练习中采用的隐喻是对正手击球动作的形态、轨迹等运动学特征的抽象与概括，有助于学习者正手击球整体运动表象的建立。这一结果验证了前人的观点，即类比学习在运动技能学习的初级阶段有助于学习者建立运动技能的整体概念，尤其对于初次建立运动技能整体概念的学习者效果更加突出。加上第二单元精确的外显学习，形成较正确的动作姿势。最后，运动技能的学习既是对动作本质特征、完成动作的原理规则的学习，又是实际肌肉运动的学习。动作要领与动作姿势这两方面的较好绩效使类比－外显组学习者的击球准确性更好。郭秀艳认为，当受试在一定数量的内隐训练之后，掌握的内隐知识渐渐地越来越为意识所接近，以致于最终在内隐加工强度的某一点上内隐和外显两种加工接通，彼此迅速地达成资源共享，从而使学习效率最高。郭秀艳和杨治良据此推论，在学习复杂任务时，先应具备一个内隐知识基础，然后再试图建立外显的任务模型，本研究的结果支持了这一观点。

迁移测试中，类比－外显组的三个绩效指标均比其他两组好的原因可能是，在学习开放性技能任务中，先类比后外显的组合方式更利于一般运动程序的建立和形成，不仅这一成因有待进一步探讨，而且，在学习不同性质（闭锁性和开放性）技能任务时，类比学习和外显学习的不同组合方式对一般运动程序的建立或形成具有不同效应的机制也有待深入研究。

另外，笔者的前期研究发现，类比与外显结合组学习者掌握的知识中包含外显知识和类比知识，而类比学习组学习者掌握的只有类比知识、外显学习组学习者掌握的只有外显知识。在本研究中，每组学习者掌握的知识中均包含外显知识和类比知识，这说明每组学习者的学习绩效是类比学习与外显学习的不同组合方式作用的结果。

综上所述，在闭锁性和开放性技能的学习中，类比学习与外显学习的最佳组合方式不同。在闭锁性正手击球技能任务中，同时进行组学习者在保持测试和迁移测试中的击球准确性、动作评分和动作知识的掌握程度好于外显－类比组和类比－外显组。而在开放性正手击球技能任务中，类比－外显组学习者在保持测试和迁移测试中的击球准确性、动作评分和动作知识的掌握程度好于同时进行组和外显－类比组。研究结果证实了本研究的预期假设，据此，在体育教学或运动训练中，指导者应根据任务的不同性质，选用类比学习和外显学习的适宜组合方式，以便提高学习效率，促进学习进程[242]。

4.2.5 结论

任务性质是影响运动技能学习绩效的重要因素之一。研究结果显示：（1）学习闭锁性运动技能时，类比与外显学习同时进行组获得的击球准确性、动作评分以及动作知识的掌握程度好于外显－类比组和类比－外显组；（2）学习开放性运动技能时，类比－外显组获得的击球准确性、动作评分以及动作知识的掌握程度好于同时进行组和外显－类比组。

4.3 实验三　类比学习与外显学习的不同组合方式对初学者学习不同难度网球技能的影响

4.3.1 研究目的

实验二和实验一分别探讨了类比学习与外显学习的协同效应及其任务性质对类比与外显协同学习的影响，得出了两个结论，即对于初学者而言，运动技能学习中存在类比与外显学习的协同效应；不同性质任务中，类比学习与外显学习的最佳组合方式不同。那么，相同性质的任务中，学习难度不同的任务时，类比学习与外显学习的最佳组合方式是否相同？

根据 Bandura 的三元交互作用理论，学习受到任务、环境和个体的共同影响。在运动技能学习领域，任务难度是运动技能的基本特征之一，是影响运动技能学习的重要因素之一。运动技能难度负荷是指在运动项目的练习或比赛中，由项目的要素所构成的，作用于练习者的（或运动者的），练习者（或运动者）必须克服的练习难度（或运动难度）[243]。有研究者提出，在运动训练与教学中，对于复杂或有难度的运动技能，理想的组合认知方式应该是，指导者应该让练习者先自己进行一定时间的练习（内隐认知）后，再进行必要的指导（外显认知），这种搭配方式的认知效果将比其他的认知方式都要好。葛操的研究发现，在不同难度的人工语法学习中，内隐学习与外显学习的最佳组合方式不同。在低难度的双条件语法学习中，交替组的学习成绩最好、其次是匹配－编辑学习组，这两种学习方式和最差的匹配学习组成绩都存在显著差异；在高难度的语法规则学习中，匹配－编辑学习组的成绩最好，其次是交替组，编辑组最差。但这种认知领域的实验室研究结果能否被推广到运动技能学习的实践中？目前尚无这方面的研究报道。基于此，本研究探讨不同难度运动技能学习中类比学习与外显学习的最佳组合方式，以期为提高体育教学或运动训练的效率提供实验支持。本研究的理论假设为：对于初学者而言，在难度高的网球技能学习中，类比－外显的学习方式获得的绩效好于类比与外显学习同时进行组和外显－类比组；在难度低的网球技能学习中，类比与外显学习同时进行的学习方式获得的绩效好于外显－类比组和类比－外显组。

4.3.2 研究对象与方法

4.3.2.1 研究对象

随机抽取大学一年级右利手男生 72 名（年龄为 19.60 ± 0.74 岁），裸眼或矫正视力正常，身体健康，自愿参加本实验。受试均为网球初学者，被随机分入高难度任务组和低难度任务组，再将两组受试随机分为三组（每组 12 名）：外显－类比组、类比－外显组、同时进行组。

4.3.2.2 实验设计

实验采用 2×3 的双因素设计，任务难度有两个水平：高难度和低难度；学习方式有三个水平：外显－类比学习、类比－外显学习、类比与外显学习同时进行。

4.3.2.3 实验任务

本研究的任务为不同难度的网球上手平击发球，考察的是击球准确性、标准的动作姿势以及掌握的动作知识数量，不考察击球速度，以避免速度－准确性的权衡。高难度任务：受试持拍站在发球线与端线之间中线延长线的中点上，主试站在受试身体左侧大约 1 米处（不影响受试击球，下同），以固定频率递球给受试；受试接过球后，从准备姿势到抛球与引拍、挥拍击球、随会跟进，完成上手平击发球的完整动作，将球击至目标区域，并尽可能击至得分最多区域。低难度任务：受试持拍站在发球线与球场中线的交点处，主试站在受试身体左侧，以相同的固定频率递球给受试；受试上手平击发球至目标区域，并尽可能击至得分最多区域。难度系数（Index of difficulty，ID）是根据菲兹定律，对既要求速度又要求准确性的技能表现难度的数量测定，$ID = \log_2 2D/W$，W 是目标宽度或大小，D 是起点到目标间的距离。本研究中当速度不变、目标大小相同时，距离的远近就成为决定难度系数的一个主要指标。发球线与端线之间中线延长线的中点比发球线与球场中线的交点离得分区域的距离更大（相差约 1.5 米），因而得分难度更大。练习前告诉受试，本研究考察的是击球准确性和标准的动作姿势，不考察击球速度，以避免速度－准确性的权衡。

4.3.2.4 学习指导语

外显学习指导语摘自网球专业刊物，由 10 名经验丰富的网球教师或教练（平均教龄＞5 年）核定，并确定类比学习指导语（见附录五）。外显－类比组受试在第一单元练习中先接受平击发球外显学习指导语，在第二单元接受类比学习指导语；类比－外显组受试在第一单元练习中先接受类比学习指导语，在第二单元接受外显学习指导语；同时进行组受试在第 1 个组块的练习中，主试用外显学习指导语讲解完相对应的环节之后立刻插入类比学习指导语，在第 2 个组块的练习中，主试用类比学习指导语讲解完相对应的环节之后立刻插入外显学习指导语；此后依次交替进行。

4.3.2.5 实验程序

同实验二。

迁移测试的方法是：在高难度技能任务中，受试站在发球线与端线之间左侧单打边线的中点上，主试站在受试身体左侧，以固定频率递球给受试，受试平击发球至目标区域，目标与保持测试相同。在低难度技能任务中，受试站在发球线与左侧单打边线的交点处，主试站在受试身体左侧，以固定频率递球给受试，受试平击发球至目标区域，目标与保持测试相同。在测试阶段主试不提供指导语。

4.3.2.6 评价指标

击球准确性：如图 4-10 所示，在受试对面左侧场地，用黄色胶带标出三个得分区域：距离发球线 100 厘米的单打边线上的点 A、距离发球线 100 厘米的球场中线上的点 B 与发球线的中点 C 连线而成一个等腰三角形区域 2，发球线与单打边线的交点 F 与点 C、A 连线成直角三角形区域 3、发球线与中线交点 G 与点 B、C 连线而成另一个直角三角形区域 3，距离中网 2 米的单打边线上的点 D 和距离中网 2 米的球场中线上的点 E 之间的连线与区域 2 外的单打边线、球场中线以及 A、B 两点的连线共同构成长方形区域 1。将球击至区域 1、2、3 处分别得 1、2、3 分。

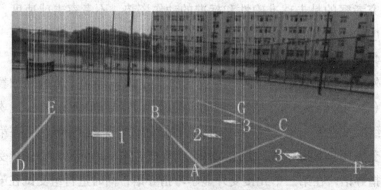

图 4-10　平击发球得分区域

动作评分：经网球教师或教练确认判定建立《网球平击发球技能评定标准》（见附录六）。将每位受试的击球动作视频编辑成独立的文件进行随机编辑，重新分成三组，由两位独立的评分者对受试平击发球动作姿势进行评定，取两者的平均分作为受试的动作评分。总分100分，动作完整性占80分，其中包括准备姿势10分（5条，每条2分）、抛球与引拍和挥拍击球60分（12条，每条5分）、随挥跟进10分（4条，每条2.5分）。动作流畅性20分。动作流畅性分数与动作完整性分数的比例为1/4（取整数），当评分者计算出动作完整性分值后，依据上述比例赋予动作流畅性分值。

动作知识数量：依据外显学习指导语，外显知识数量为18条，每条1分；依据类比学习指导语，类比知识数量为7条；两种知识数量的总和为25条，共25分。随机编辑受试，由两位独立的评分者对其动作知识进行评定，取两者的平均分。

4.3.2.7 实验器材

12支网球拍（伟士530型）和200个网球（STAR），两台三脚架摄像机（SONY，HDR-SR12），一片标准的双打网球场地（23.77米×8.23米，网高1.07米，网中间高0.914米）。

4.3.2.8 数据采集与分析

一台摄像机设置在受试右侧双打边线外，三脚架前边的支脚在双打边线上，左、右两个支脚距离双打边线均为30厘米。镜头距离地面140厘米，确保能含盖受试击球的整个动作范围；调整镜头焦距，确保清晰摄下受试完成正手击球动作的完整姿势。另一台摄像机设置在受试对面场地对侧双打边线外、中网与发球线之间，前边的支角距离双打边线160厘米、距离发球线的延长线100厘米左右，左、右两个支脚距离双打边线均为190厘米，镜头距离地面150厘米，调整焦距，确保含盖所有的得分区域。与此同时，两名计分者站在受试对面的摄像机右侧100厘米左右、距离双打边线180厘米左右，记录球的落点得分，测试结束后与摄像机进行核对，以确保准确记录击球成绩。

采用 SPSS17.0 对实验数据进行数理统计分析，显著水平定在 $\alpha = 0.05$。

4.3.3 结果

4.3.3.1 击球准确性

以前测中的击球准确性为协变量，对保持测试中的击球准确性进行协方差分析，结果显示，前测中的击球准确性主效应显著，$F(1, 66) = 20.80$，$p<0.01$，任务难度主效应不显著，$F(1, 66) = 2.18$，$p > 0.05$，学习方式主效应显著，$F(2, 66) = 3.57$，$p<0.05$，任务难度和学习方式交互作用显著，$F(2, 66) = 8.00$，$p<0.01$（见表 4–9）。因素 B（学习方式）简单效应检验结果显示，在因素 A_1（高难度任务）和 A_2（低难度任务）水平上有显著差异，$F = 3.80$、$p<0.05$，$F = 6.20$、$p<0.01$。在高难度任务中，方差具有齐性，因此选择用 LSD 法对各组均值进行多重比较。结果显示，外显–类比组和同时进行组的击球准确性显著低于类比–外显组，$p<0.05$，$p<0.05$，外显–类比组与同时进行组之间无显著差异，这说明操作高难度任务时，类比–外显组受试击球准确性好于另外两组。在低难度任务中，方差不齐性，因此选择用 Tamhane 法对各组均值进行多重比较。结果显示，外显–类比组受试的击球准确性显著低于同时进行组，$p<0.05$，$p<0.05$，类比–外显组与外显–类比组、类比–外显组与同时进行组之间均无显著差异，这说明对于低难度任务而言，同时进行组受试的击球准确性好于另外两组（如图 4–11 所示）。

表 4–9   不同难度任务组保持测试击球准确性的协方差分析表

误差来源	平方和	自由度	均方和	F 值	p 值
前测中的击球准确性	0.568	1	0.568	20.800	0.000
任务难度	0.060	1	0.060	2.183	0.144
学习方式	0.195	2	0.097	3.567	0.034
任务难度 * 学习方式	0.437	2	0.218	7.993	0.001
残差	1.776	66	0.027		
总和	62.357	72			

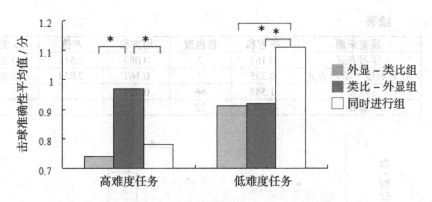

注：* 表示 $p < 0.05$，** 表示 $p < 0.01$，下同。

图 4-11　不同难度任务组保持测试的击球准确性

以前测中的击球准确性为协变量，对迁移测试的击球准确性进行协方差分析显示，前测中的击球准确性主效应显著，$F_{(1, 65)} = 29.58$，$p<0.01$，任务难度的主效应不显著，$F_{(1, 65)} = 0.75$，$p > 0.05$，学习方式主效应显著，$F_{(2, 65)} = 3.52$，$p<0.05$，任务难度和学习方式交互作用显著，$F_{(2, 65)} = 7.05$，$p<0.01$（见表 4-10）。因素 B（学习方式）简单效应检验结果显示，在因素 A_1（高难度任务）和 A_2（低难度任务）水平上有显著差异，$F = 3.61$、$p<0.05$，$F = 4.38$、$p<0.05$。高难度任务中，方差具有齐性，因此选择用 LSD 法对各组均值进行多重比较。结果显示，外显 – 类比组和同时进行组受试的击球准确性显著低于类比 – 外显组，$p < 0.05$，$p < 0.05$，外显 – 类比组和同时进行组之间无显著性差异，这说明对于高难度任务而言，类比 – 外显组受试的击球准确性好于另外两组。低难度任务中，方差具有齐性，因此选择用 LSD 法对各组均值进行多重比较。结果显示，外显 – 类比组和类比 – 外显组受试的击球准确性显著低于同时进行组，$p < 0.05$，$p < 0.05$，外显 – 类比组和类比 – 外显组之间无显著性差异，这说明，对于低难度任务而言，同时进行组受试的击球准确性好于另外两组（如图 4-12 所示）。

表 4-10　不同难度任务组迁移测试中击球准确性的协方差分析表

误差来源	平方和	自由度	均方和	F 值	p 值
前测中的击球准确性	0.702	1	0.702	29.580	0.000
任务难度	0.018	1	0.018	0.752	0.389

续表

误差来源	平方和	自由度	均方和	F 值	p 值
学习方式	0.167	2	0.083	3.518	0.035
任务难度 * 学习方式	0.335	2	0.167	7.054	0.002
残差	1.543	66	0.024		
总和	49.882	72			

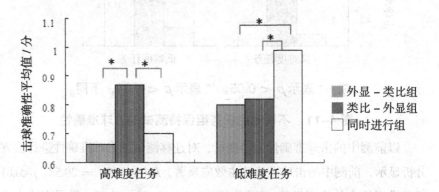

图 4-12　不同难度任务组迁移测试的击球准确性

4.3.3.2 动作评分

为了验证两位评分者对动作评分的主观评分标准的一致性，采用 Pearson 相关系数对两位评分者的评分进行了统计分析，结果表明：前测 $r = 0.94$，保持测试 $r = 0.98$，迁移测试 $r = 0.98$，可以认定评分者内部一致性信度较高。

单因素方差分析结果显示，实验前不同难度任务中三组受试前测动作评分之间无显著差异，这说明不同任务中三组受试实验前对平击发球动作的掌握程度相当。对相同学习方式下不同任务组前测的动作评分进行独立样本 T 检验，结果表明，高难度任务组与低难度任务组受试的动作评分无显著差异。

以前测中的动作评分为协变量，对保持测试的动作评分进行协方差分析显示，前测中的动作评分主效应不显著，$F (1, 65) = 0.04$，$p > 0.05$，任务难度主效应不显著，$F (1, 65) = 2.88$，$p > 0.05$；学习方式主效应不显著，$F (2, 65) = 2.65$，$p > 0.05$；任务难度和学习方式交互作用主效应显著，$F (2, 65) = 5.43$，$p < 0.01$（见表 4-11）。因素 B（学习方式）简单效应检验结果显示，在因素 A_1（高难度任务）和 A_2（低难度任务）水平上有显著差异，$F = 3.38$、$p < 0.05$，$F = 4.49$、$p < 0.05$。在高难度任务中，方差具有齐性，

因此选择用 LSD 法对各组均值进行多重比较。结果显示，外显 – 类比组和同时进行组受试的动作评分显著低于类比 – 外显组，$p<0.05$，$p<0.05$，外显 – 类比组和同时进行组之间没有显著性差异，这说明对于高难度任务而言，类比 – 外显组受试的动作评分好于另外两组。在低难度任务中，方差具有齐性，因此选择用 LSD 法对各组均值进行多重比较。结果显示，外显 – 类比组和类比 – 外显组受试的动作评分显著低于同时进行组，$p<0.05$，$p<0.05$，外显 – 类比组与类比 – 外显组之间没有显著差异，这说明对于低难度任务而言，同时进行组受试的动作评分好于另外两组（如图 4–13 所示）。

表 4–11　不同难度任务组保持测试中动作评分的协方差分析表

误差来源	平方和	自由度	均方和	F 值	p 值
前测中的动作评分	4.912	1	4.912	0.038	0.846
任务难度	369.455	1	369.455	2.878	0.095
学习方式	680.565	2	340.283	2.651	0.078
任务难度 * 学习方式	1392.605	2	696.303	5.425	0.007
残差	8343.172	66	128.356		
总和	172195.000	72			

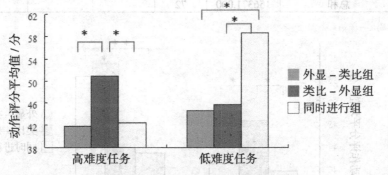

图 4–13　不同任务组保持测试的动作评分

以前测中的动作评分为协变量，对迁移测试的动作评分进行协方差分析显示，前测中的动作评分主效应显著，$F(1, 65) = 0.04$，$p > 0.05$ 任务难度主效应不显著，$F(1, 65) = 3.68$，$p > 0.05$；学习方式主效应显著，$F(2, 66) = 3.15$，$p<0.05$；任务难度与学习方式交互作用主效应显著，$F(2, 66) = 5.60$，$p<0.01$（见表 4–12）。因素 B（学习方式）简单效应检验结果显示，在因素 A_1（高难度任务）和 A_2（低难度任务）水平上有显著差异，

$F = 3.49$、$p<0.05$，$F = 5.00$、$p<0.05$。在高难度任务中，方差具有齐性，因此选择用 LSD 法对各组均值进行多重比较。结果显示，外显－类比组和同时进行组受试的动作评分显著低于类比－外显组，$p<0.05$，$p<0.05$，外显－类比组和同时进行组之间没有显著性差异，这说明对于高难度任务而言，类比－外显组受试的动作评分好于另外两组。在低难度任务中，方差具有齐性，因此选择用 LSD 法对各组均值进行多重比较。结果显示，外显－类比组和类比－外显组受试的动作评分显著低于同时进行组，$p<0.01$，$p<0.05$，外显－类比组与类比－外显组之间没有显著差异，这说明对于低难度任务而言，同时进行组受试的动作评分好于外显－类比组（如图 4-14 所示）。

表 4-12　不同难度任务组迁移测试中动作评分的协方差分析表

误差来源	平方和	自由度	均方和	F 值	p 值
前测中的动作评分	5.074	1	5.074	0.045	0.833
任务难度	416.156	1	416.156	3.676	0.060
学习方式	713.366	2	356.683	3.150	0.049
任务难度 * 学习方式	1268.596	2	634.298	5.603	0.006
残差	7359.010	66	113.216		
总和	156371.000	72			

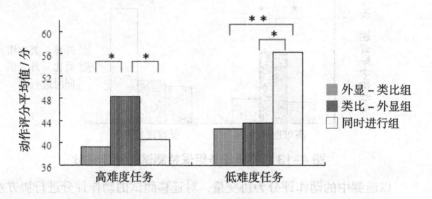

图 4-14　不同难度任务组迁移测试的动作评分

4.3.3.3 动作知识数量

为了验证两位评分者对动作知识数量的主观评分标准的一致性，采用 Pearson 相关系数对两位评分者的评分进行了统计分析，结果表明：后测 $r = 0.95$，可以认定评分者内部一致性信度较高。前测中，不同学习方式组受试的动作知识数量为零，表明所有受试均不知晓正手击球的动作要领。

对动作知识数量进行双因素方差分析，结果显示，任务难度主效应显著，$F_{(1, 66)} = 16.63$，$p < 0.01$，学习方式主效应显著，$F_{(2, 66)} = 3.23$，$p < 0.05$，任务难度和学习方式交互作用主效应显著，$F_{(2, 66)} = 6.09$，$p < 0.01$（见表4–13）。因素 B（学习方式）简单效应检验结果显示，在因素 A_1（高难度任务）和 A_2（低难度任务）水平上有显著差异，$F = 3.59$、$p < 0.05$，$F = 5.62$、$p < 0.01$。在高难度任务中，方差具有齐性，采用 LSD 法对各组均值进行多重比较。结果显示，外显 – 类比组和同时进行组受试习得的动作知识数量显著少于类比 – 外显组，$p < 0.05$，$p < 0.05$，外显 – 类比组和同时进行组之间无显著差异，这说明，在高难度任务中，类比 – 外显组受试习得的动作知识数量多于另外两组。在低难度任务中，方差具有齐性，采用 LSD 法对各组均值进行多重比较。结果显示，外显 – 类比组和类比 – 外显组受试习得的动作知识数量显著低于同时进行组，$p < 0.01$，$p < 0.05$，外显 – 类比组和类比 – 外显组之间无显著差异，这说明，在低难度任务中，同时进行组受试习得的动作知识数量多于另外两组（如图4–15所示）。

表 4–13 不同难度任务中各组动作知识数量的方差分析表

误差来源	平方和	自由度	均方和	F 值	p 值
任务难度	42.014	1	42.014	16.629	0.000
学习方式	16.333	2	8.167	3.232	0.046
任务难度 * 学习方式	30.778	2	15.389	6.091	0.004
残差	166.750	67	2.527		
总和	4721.000	72			

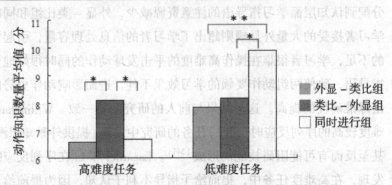

图 4–15 不同任务组动作知识数量

4.3.4 讨论

4.3.4.1 高难度技能任务中的绩效

对于高难度任务而言，在保持测试中，学习者使用类比－外显学习方式所习得的平击发球准确性、动作评分和外显知识的掌握程度好于外显－类比组和同时进行组。如前所述，运动技能学习包括认知层面的操作规则、操作策略等记忆指令的学习，又包括肌肉层面的肢体间协调模式的实际操作技能的学习[244]，新手需要将注意分配于记忆指令和实际操作技能两个方面。平击发球是需要全身协调用力的复杂运动技能，力量大、球速快、威胁大，但成功率比较低。要想做到发球有效，就要保证发出的球既能越过球网又要落在发球区内[245]。在发球过程中，抛出去的球的高度和位置、击球点的高度、击球时球拍角度的稳定程度、发出的球的过网高度都是发球成功的关键。"力争高点"是在选择击球点时最基本的原则。有了"制高点"，不仅可以最大限度地、舒展地做出平击发球的整个动作，更重要的是在控制球路和球的落点以及对球施加压力上，高点击球有着显而易见的优势。与低难度任务相比，在高难度平击发球任务中，由于学习者发球时的初始位置与中网之间的距离更远，为了确保球过网且落在发球区内，每次发球时，学习者要使抛球的高度更高，抛出去的球的位置和轨迹更难保持稳定，击球点的位置和球拍角度也就更难保持稳定。因此，学习者需要投入更多的注意资源来调整并协调自身肢体动作，以提高发球的成功率。但是个体的工作记忆资源是有限的，肌肉层面技能操作学习负荷的增加使分配到认知层面学习指导语的注意资源减少，外显－类比组和同时进行组学习者接受的大量外显规则超出了学习者的信息处理容量，引起资源分配的不足，学习者很难在操作高难度的平击发球动作的同时很好地记忆学习指导语，致使两组动作要领的学习效果不佳，进而影响动作姿势的掌握和击球准确性的提高。这一结果与前人的研究结果一致。Willingham 在一项难度较高的序列反应时（SRT）任务的研究中发现，提供外显知识没有作用，甚至反而有可能阻碍技能的形成[246]。Lagardel 和 Li 在序列反应时任务中发现，在高难度任务中，提前给予指导不利于认知，因为提前给予指导会导致受试提前做好拦截准备，但在概率较小的情境下，这种准备将削弱受试根据刺激的即时变化迅速修改拦截线路的能力[247]。Russele 在研究中发现，在难度增加的序列反应时任务中，外显认知起到了阻碍作用且表现出较多的纠错倾向[248]。我国学者郭秀艳的研究发现，外显指导语之所以对内隐和外显学习有相反作用，可能与外显学习与内隐学习的两种学习机制有关。外显学习包含元认知过程（对当前认知活动的意识过程、调节过程，它通常是在计划、监控、决策任务中进行实施和操作。外显加工有利于深思熟虑、系统性的决策和假设检验，能促进元认知过程。而元认知能够使受试更灵活、更有意识地使用策略认知。然而，在复杂规则条件下的内隐学习中，元认知活动并不占主导地位，甚至还会削弱学习[249]。知觉认知研究的规律认为，过早形成假设会阻止人们最好地使用可资利用的信息，提供外显知识既可能有利于任务的完成，也可能激发与任务规则无关的注意过程，阻碍内隐学习。当任务规则极为复杂或不明显时，或任务压力较大时，认知上的学习并不能转化为动作的提高，在某些情景下反而会阻碍动作的内隐学习[250]。

类比 - 外显组学习者在第一单元接受的类比学习采用的隐喻概括了平击发球的关键动作结构，但传达的信息量比外显学习指导语少得多，因而降低了对工作记忆资源的需求，可以腾出有限的注意资源分配到平击发球技能的肌肉操作方面。类比学习采用的隐喻使平击发球动作更形象易记，学习者更容易形成整体的运动表象，建立运动技能的整体概念。随后在适当的时机接受的外显认知指导和有关技能规律的介绍和点拨，不仅使平击发球动作更加细致，更好地提高运动技能认知的效果，又通过错误觉察 - 纠正机制避免了错误动作的形成。已有研究已证明了这一点，先进行内隐性认识任务再进行外显认识任务组的成绩显著高于单独进行内隐性认识组和外显性认识组，同时也高于先进行外显认识再进行内隐认识组[251]。这一点也符合运动技能学习阶段的规律，即在运动技能获得的认知阶段，学习者的神经过程处于泛化阶段，内抑制尚未精确建立起来，动作准确性和一致性程度不高，注意资源主要集中在对运动技能的认知上，形成运动技能的粗略表征。学习者此时对信息接受的程度是粗放的。此时指导者应抓住动作的关键特点，突出动作要点，帮助学习者掌握大概的动作方式，建立正确的动作表象和完整的动作概念。在联结阶段，练习者的神经过程逐渐形成了分化性抑制，练习者的注意主要指向技能的细节，对信息的注意程度转向精细。因此，指导者要注重通过练习者的内部反馈，使学习者在粗略掌握技术动作的基础上，建立正确的动作动力定型，提高动作技能的协调性，使动作技能日趋准确。郭秀艳、杨治良根据人工语法研究中的结果推论，学习复杂任务时，先应具备一个内隐知识基础，然后再试图建立外显的任务模型。正如有些研究者指出的，它将对教育产生重要的启示：即在解决问题特别是解决难题时，先让学生被动地观察，然后再给以正式的指导，会产生最佳效果。

在迁移测试中，类比－外显组学习者平击发球的准确性、动作评分和外显知识的掌握程度都好于外显－类比组和同时进行组，说明类比－外显组学习者习得的一般运动程序能力好于另外两组。运动技能学习的目的是学到一般运动程序，这样更有利于运动技能的迁移，而迁移测试能够反映一般运动程序的学习效果，是评判学习方式优劣与否的重要手段之一。在高难度的平击发球任务中，类比－外显学习者的应变能力好于另外两组，原因尚不得而知，有待今后进行进一步的研究。

4.3.4.2 低难度技能任务中的绩效

对低难度任务而言，在保持测试中，类比与外显学习同时进行组学习者的击球准确性和动作评分均好于类比－外显组和外显－类比组。如前所述，与高难度任务相比，在低难度任务中，学习者发球的初始位置更靠近网前，发出的球的过网高度相对容易把握，平击发球很容易过网并击到得分区域，因而抛球的高度和击球点的高度也相对容易控制，学习者完成正手击球动作所需要的工作记忆资源相对较少，可以将有限的工作记忆资源分配到记忆指导语和言语知识的输出上。如前所述，在CLARION模型中，外显学习和内隐学习的加工机制不同。外显学习是由部分到整体、自下而上的加工，这种数据驱动的加工形同错误觉察机制，可随环境的变化而不断得到调整。18条外显学习指导语详细描述了平击发球各动作环节之间的联系，为学习者提供反馈所需的参照物以不断改善动作。类比学习是是从整体到部分、自上而下的加工，这种概念驱动的加工强调个体运用自己的先备知识来理解新的知觉对象。隐喻将完成正手击球动作所需的诸多复杂规则囊括为整体的、数量较少的组块，既减少了工作记忆负荷，又扩大了工作记忆的信息容量。类比学习指导语用生动形象的日常行为将不熟悉的正手击球动作变得具体、生动、形象、更容易理解和接受，形象的隐喻犹如"催化剂"，加速了外显规则言语信息的吸收或同化，便于学习者理解和记忆。在动态的信息处理过程中，精确的外显知识和形象的类比知识动态转换[252]，使得正手击球动作要领的记忆和提取变得更容易，有利于动作知识的掌握。

如前所述，类比学习中的隐喻可能是以形象进行储存和操作的，这种基于表象的信息具有整体性和概括性，使得平击发球动作信息的记忆和提取变得更容易[253]，有助于整体运动表象的建立，提高动作姿势的质量。类比学习将运动技能的多种成分有效组块，这有利于加快运动技能的自动化。同时，外显学习指导具体且准确，形同错误觉察和纠正机制，能够促进对不理想动作的纠正，对技能的认知起到促进作用。Magill在轨迹追踪任务中的研究结果显示，外显认知与内隐认知一样可以提高受试的操作技能，说明在简单运动技能情形下，外显知识不会起阻碍作用，在某种情况下可能会缩短认知时间，因而越早介入越有效。最后，在运动技能学习初期，认知方面动作要领的掌握和肌肉层面技能操作的动作姿势两方面较好的绩效促使学习者击球准确性的提高。

外显－类比组学习者在第一单元接受的外显学习依赖于工作记忆的中央执行系统，由于工作记忆的容量是有限的，并且18条平击发球的动作规则数量多且零散，学习者很难在较短的时间内加工如此多的信息，因而难以记住，影响了平击发球动作要领的掌握，不利于整体动作形象的建立，进而导致击球准确性难以在短时间内得到提高，阻碍了学习进程。类比－外显组学习者在第一单元接受的几条类比学习指导语虽然形象概括，有利于整体运动表象的形成，但不够细致，缺少纠正不理想动作的线索，虽然在第二单元中指导者提供外显知识，但前期的学习进程已受到了影响。

在迁移测试中，同时进行组学习者平击发球的准确性、动作评分和外显知识的掌握程度好于外显－类比组和类比－外显组，这说明同时进行组学习者获得的一般运动程序能力好于另外两组，其中的原因有待今后深入探讨。

综上所述，高难度任务中，学习者使用类比－外显学习方式所获得的击球准确性和动作评分好于外显－类比组和同时进行组。低难度任务中，学习者采用类比与外显学习同时进行的方式所获得的击球准确性和动作评分好于外显－类比组和类比－外显组。高难度任务中，类比－外显学习组学习者掌握的知识数量多于另外两组；低难度任务中，同时进行组学习者掌握的知识数量多于另外两组。研究结果证实了本研究的预期假设，即在网球初学者技能学习中，类比学习与外显学习的不同组合方式对不同难度网球技能的学习产生不同的影响[254]。

4.3.5 结论

任务难度是影响运动技能学习的重要因素之一。研究结果显示：（1）高难度任务中，类比－外显组的击球准确性动作评分以及动作知识的掌握程度好于外显－类比组和同时进行组；（2）低难度任务中，类比与外显学习同时进行组的击球准确性、动作评分以及动作知识的掌握程度比其他两组更好。

4.4 实验四 类比学习与外显学习的不同组合方式对不同年龄初学者网球技能学习的影响

4.4.1 研究目的

实验二和实验三从任务要素入手，探讨了类比学习和外显学习的不同组合方式对网球技能学习的影响，结果发现，学习不同性质、不同难度的技能时，应该采用类比学习和外显学习的不同组合方式才能获得更好的学习效果。学习受任务、环境和个体三因素的共同影响。学习者的年龄是 Bandura 三元交互作用理论中个体要素的重要特征之一，不同年龄的个体在认知加工能力、运动能力方面存在差异[255][256][257]，那么，不同年龄的初学者学习运动技能时，类比学习和外显学习的最佳组合方式是否相同？所以，实验四的理论假设为：不同年龄初学者学习运动技能时，类比学习与外显学习的最佳组合方式可能不同。对这一问题的探讨将为日常体育教学与运动训练实践中根据学习者年龄合理安排类比学习和外显学习的组合方式为提高学习效率提供实验支持。

4.4.2 研究对象与方法

4.4.2.1 研究对象

随机抽取大学一年级右利手男生 36 名（年龄为 19.69±0.75 岁），随机分为三组（每组 12 名）：外显－类比组、类比－外显组、同时进行组。随机抽取初中二年级右利手男生 30 名（年龄为 13.87±0.49 岁），随机分入外显－类比组（11 名）、类比－外显组（9 名）和同时进行组（10 名）。所有受试均为网球初学者，裸眼或矫正视力正常，身体健康，自愿参加本实验。

4.4.2.2 实验设计

实验采用 2×3 的双因素设计，年龄有两个水平：大学生和初中生；学习方式有三个水平：外显－类比学习、类比－外显学习、类比与外显学习同时进行。

4.4.2.3 实验任务

本研究的任务为网球双手反手击球。受试持拍站在端线中点处，主试站在受试身体左前方，直臂将球垂直落至受试身体左前方的圆形区域内（半径为 20 厘米、圆心距端线 100 厘米、距球场中线延长线 60 厘米），待球落地弹起后，受试双手反手将球击至目标区域，并尽可能击至得分最多区域。练习前告诉受试，本研究考察的是击球准确性和标准的动作姿势，不考察击球速度。

4.4.2.4 学习指导语

外显学习指导语和类比学习指导语摘自网球专业刊物，由 10 名经验丰富的网球教师或教练（平均教龄＞5 年）核对，并确定类比学习指导语（见附录五）。外显－类比组受试在第一单元练习中先接受双手反手击球外显学习指导语，在第二单元接受类比学习指导语；类比－外显组受试在第一单元练习中先接受类比学习指导语，在第二单元接受外显学习指导语；

同时进行组受试在第 1 个组块的练习中，主试用外显学习指导语讲解完相对应的环节之后立刻插入类比学习指导语；在第 2 个组块的练习中，主试用类比学习指导语讲解完相对应的环节之后立刻插入外显学习指导语；此后依次交替进行。

4.4.2.5 实验程序

同实验二。

迁移测试的方法是：受试持拍站在端线中点处，主试站在发球线与单打边线交界处，用手随机抛球至受试身体右侧的圆内（半径为 20 厘米、圆心距端线 100 厘米、距中线延长线 60 厘米），待球落地弹起后，受试双手反手将球击至目标区域，击球目标与保持测试相同。在测试阶段主试不提供指导语。

4.4.2.6 评价指标

击球准确性：用黄色胶带标出三个得分区域：受试对面右侧场地，由单打边线向左 160 厘米的端线与由端线向网前 160 厘米的单打边线为边长构成正方形区域 3，区域 3 外、由距离端线 360 厘米且平行于端线的直线与距离单打边线 290 厘米且平行于单打边线的直线以及区域 3 外的单打边线和端线构成区域 2，发球线与球场中线的延长线以及区域 2 外的单打边线和端线构成区域 1。将写有 1、2、3 的三块纸板分别放在得分区域 1、2、3 处，将球打到区域 3 得 3 分、区域 2 得 2 分、区域 1 得 1 分，区域 1 黄线以外不得分（如图 4-16 所示）。

图 4-16　双手反手击球的得分区域

动作评分：根据网球教师或教练的确认建立《网球双手反手击球技能评定标准》（见附录六）。将每位受试的击球动作视频编辑成独立的文件进行随机编辑，重新分成三组，由两位独立的评分者对受试双手反手击球的动作姿势进行评定，将两者的平均分作为受试的动作评分。总分100分，动作完整性占80分，包括准备姿势10分（5条，每条2分）、后摆引拍和挥拍击球60分（12条，每条5分）、随挥跟进10分（4条，每条2.5分）；动作流畅性占20分。动作流畅性分数与动作完整性分数的比例为1：4（取整数），当评分者计算出动作完整性分值后，依据上述比例赋予动作流畅性分值。

动作知识数量：依据外显学习指导语，外显知识数量为15条，每条1分；依据类比指导语，类比知识数量为3条。两种知识数量的总和为18条，共18分。将收集到的动作知识进行随机编辑，由两位独立的评分者对动作知识进行评定，取两者的平均分。

4.4.2.7 实验器材

同实验一。

4.4.2.8 数据采集与分析

一台摄像机设置在受试左侧双打边线外，三脚架前边的支脚在双打边线上，距离端线10厘米左右；左、右两个支脚距离双打边线均为30厘米。镜头距离地面140厘米，调整镜头焦距，确保清晰摄下受试完成双手反手击球动作的完整姿势。另一台摄像机设置在受试对面场地同侧双打边线外、中网与发球线之间，前边的支角距离双打边线160厘米，距离发球线的延长线30厘米左右，左、右两个支角距离双打边线均为190厘米，镜头距离地面150厘米，调整焦距，确保覆盖所有的得分区域。与此同时，两名计分者站在受试对面的摄像机右侧100厘米左右、距离双打边线180厘米左右，记录球的落点得分，测试结束后与摄像机进行核对，以确保准确记录击球成绩。

采用SPSS17.0对实验数据进行数理统计分析，显著水平定在 $\alpha = 0.05$。

4.4.3 结果

4.4.3.1 击球准确性

以前测中的击球准确性为协变量，对保持测试的击球准确性进行协方差分析，结果显示，前测中的击球准确性主效应显著，$F(1, 61) = 35.77$，$p<0.01$，年龄主效应显著，$F(1, 61) = 89.40$，$p<0.01$，学习方式主效应显著，$F(2, 61) = 4.14$，$p<0.05$，年龄和学习方式交互作用显著，$F(2, 61) = 9.05$，$p<0.01$（见表 4-14）。

表 4-14　不同年龄组受试保持测试中击球准确性的协方差分析表

误差来源	平方和	自由度	均方和	F 值	p 值
前测中的击球准确性	0.770	1	0.770	35.765	0.000
年龄	1.926	1	1.926	89.398	0.000
学习方式	0.178	2	0.089	4.136	0.021
年龄 * 学习方式	0.390	2	0.195	9.054	0.000
残差	1.292	61	0.022		
总和	31.627	67			

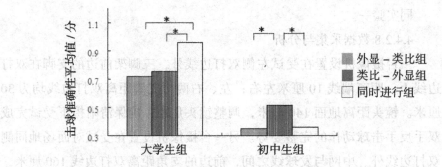

图 4-17　不同年龄组受试保持测试中的击球准确性

注：* 表示 $p < 0.05$，** 表示 $p < 0.01$，下同。

因素 B（学习方式）简单效应检验结果显示，在因素 A_1（大学生）和 A_2（初中生）水平上有显著差异，$F = 4.45$、$p<0.05$，$F = 4.80$，$p<0.05$。在大学生组中，方差具有齐性，因此选择用 LSD 法对各组的均值进行多重比较。结果显示，外显 - 类比组和类比 - 外显组受试双手反手击球的准确性显著低于同时进行组，$p<0.05$，$p<0.05$，外显 - 类比组与类比 - 外显组

之间无显著性差异，这说明在大学生组中，同时进行组受试的击球准确性好于另外两组。在初中生组中，由于三组的样本量不同，采用 Scheffe（c）法对各组的均值进行多重比较。结果显示，外显 – 类比组和同时进行组受试的击球准确性显著低于类比 – 外显组，$p<0.05$，$p<0.05$，外显 – 类比组与同时进行组之间无显著差异，这说明在初中生组中，类比 – 外显组受试双手反手击球的准确性好于另外两组（如图 4–17 所示）。

以前测中的击球准确性为协变量，对迁移测试的击球准确性进行协方差分析，结果显示，前测中的击球准确性主效应显著，$F(1, 61)=65.55$，$p<0.01$，年龄主效应显著，$F(1, 61)=39.23$，$p<0.01$，学习方式主效应显著，$F(2, 61)=5.87$，$p<0.01$，年龄和学习方式交互作用显著，$F(2, 61)=12.58$，$p<0.01$（见表 4–15）。因素 B（学习方式）简单效应检验结果显示，在因素 A_1（大学生）和 A_2（初中生）水平上有显著差异，$F=4.84$、$p<0.05$，$F=5.06$、$p<0.05$。在大学生组中，方差具有齐性，因此选择用 LSD 法对各组的均值进行多重比较。结果显示，外显 – 类比组和类比 – 外显组受试双手反手击球的准确性显著低于同时进行组，$p<0.01$，$p<0.05$，外显 – 类比组与类比 – 外显组之间无显著性差异，这说明在大学生组中，同时进行组受试的击球准确性好于另外两组。在初中生组中，由于三组的样本量不同，采用 Scheffe（c）法对各组的均值进行多重比较。结果显示，外显 – 类比组和同时进行组受试的击球准确性显著低于类比 – 外显组，$p<0.01$，$p<0.05$，外显 – 类比组与同时进行组之间无显著差异，这说明在初中生组中，类比 – 外显组受试双手反手击球的准确性好于另外两组（如图 4–18 所示）。

表 4–15　不同年龄组受试迁移测试中击球准确性的协方差分析表

误差来源	平方和	自由度	均方和	F 值	p 值
前测中的击球准确性	1.105	1	1.105	65.547	0.000
年龄	0.661	1	0.661	39.230	0.000
学习方式	0.198	2	0.099	5.868	0.005
年龄 * 学习方式	0.424	2	0.212	12.583	0.000
残差	1.011	61	0.017		
总和	20.125	67			

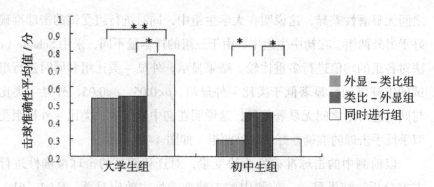

图 4-18　不同年龄组受试迁移测试中的击球准确性

4.4.3.2 动作评分

为了验证两位评分者对动作评分的主观评分标准的一致性，采用 Pearson 相关系数对两位评分者的评分进行了统计分析，结果表明：前测 $r = 0.98$，保持测试 $r = 0.97$，迁移测试 $r = 0.97$，可以认定评分者内部一致性信度较高。

以前测中的动作评分为协变量，对保持测试的动作评分进行协方差分析，结果显示，前测中的动作评分主效应显著，$F(1, 61) = 6.86$，$p < 0.05$，年龄主效应显著，$F(1, 61) = 63.46$，$p < 0.01$，学习方式主效应显著，$F(2, 61) = 4.06$，$p < 0.05$，年龄和学习方式交互作用显著，$F(2, 61) = 7.74$，$p < 0.01$（见表 4-16）。因素 B（学习方式）简单效应检验结果显示，在因素 A_1（大学生）和 A_2（初中生）水平上有显著差异，$F = 4.94$、$p < 0.05$，$F = 5.07$、$p < 0.05$。在大学生组中，方差具有齐性，因此选择用 LSD 法对各组的均值进行多重比较。结果显示，外显－类比组和类比－外显组受试双手反手击球的动作评分显著低于同时进行组，$p < 0.01$，$p < 0.05$，外显－类比组与类比－外显组之间无显著性差异，这说明在大学生组中，同时进行组受试的动作评分好于另外两组。在初中生组中，由于三组的样本量不同，采用 Scheffe（c）法对各组的均值进行多重比较。结果显示，外显－类比组和同时进行组受试的动作评分显著低于类比－外显组，$p < 0.05$，$p < 0.05$，外显－类比组与同时进行组之间无显著差异，这说明在初中生组中，类比－外显组受试双手反手击球的动作评分好于另外两组（如图 4-19 所示）。

表4-16　不同年龄组受试保持测试中动作评分的协方差分析表

误差来源	平方和	自由度	均方和	F值	p值
前测中的动作评分	452.888	1	452.888	6.857	0.011
年龄	4190.991	1	4190.991	63.455	0.000
学习方式	536.723	2	268.362	4.063	0.022
年龄＊学习方式	1022.505	2	511.252	7.741	0.001
残差	3962.821	61	66.047		
总和	249988.000	67			

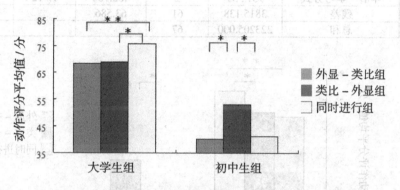

图4-19　不同年龄组受试保持测试中的动作评分

　　以前测中的动作评分为协变量，对迁移测试的动作评分进行协方差分析结果显示，前测中的动作评分主效应显著，$F(1, 61) = 3.39$，$p > 0.05$，年龄主效应显著，$F(1, 61) = 72.38$，$p < 0.01$，学习方式主效应显著，$F(2, 61) = 4.29$，$p < 0.05$，年龄和学习方式交互作用显著，$F(2, 61) = 7.37$，$p < 0.01$（见表4-17）。因素B（学习方式）简单效应检验结果显示，在因素A_1（大学生）和A_2（初中生）水平上有显著差异，$F = 5.93$、$p < 0.01$，$F = 5.18$、$p < 0.05$。在大学生组中，方差具有齐性，因此选择用LSD法对各组的均值进行多重比较。结果显示，外显－类比组和类比－外显组受试双手反手击球的准确性显著低于同时进行组，$p < 0.01$，$p < 0.05$，外显－类比组与类比－外显组之间无显著性差异，这说明在大学生组中，同时进行组受试的击球准确性好于另外两组。在初中生组中，由于三组的样本量不同，采用Scheffe（c）法对各组的均值进行多重比较。结果显示，外显－类比组和同时进行组受试的击球准确性显著低于类比－外显组，$p < 0.05$，

$p<0.05$，外显–类比组与同时进行组之间无显著差异，这说明在初中生组中，类比–外显组受试双手反手击球的准确性好于另外两组（如图4-20所示）。

表4-17 不同年龄组受试迁移测试中动作评分的协方差分析表

误差来源	平方和	自由度	均方和	F值	p值
前测中的动作评分	215.361	1	215.361	3.387	0.071
年龄	4602.175	1	4602.175	72.378	0.000
学习方式	545.694	2	272.847	4.291	0.018
年龄*学习方式	937.559	2	468.780	7.372	0.001
残差	3815.138	61	63.586		
总和	223205.000	67			

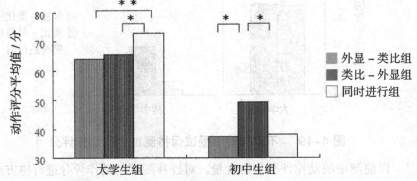

图4-20 不同年龄组受试迁移测试中的动作评分

4.4.3.3 动作知识数量

为了验证两位评分者对动作知识数量的主观评分标准的一致性，采用Pearson相关系数对两位评分者的评分进行了统计分析，结果表明：$r=0.95$，可以认定评分者内部一致性信度较高。

前测中，不同学习方式组受试均报告"不会"或"不知道如何双手反手击球"，即知识数量为零，表明所有受试均不知晓双手反手击球的动作要领。

对动作知识数量进行双因素方差分析结果显示，年龄主效应显著，$F(1，62)=10.48$，$p<0.01$，学习方式主效应显著，$F(2，62)=4.42$，$p<0.05$，年龄和学习方式交互作用显著，$F(2,62)=6.83$，$p<0.01$（见表4-18）。由于初中生三组的样本量不同，采用Scheffe（c）法对初中生组的数据进

行统计分析。因素 B（学习方式）简单效应检验结果显示，在因素 A_1（大学生组）、A_2（初中生组）水平上有显著差异，$F = 6.15$、$p<0.01$，$F = 5.91$、$p<0.01$。大学生组中，方差具有齐性，所以采用 LSD 法进行统计。结果显示，外显－类比组和类比－外显组受试的动作知识数量均显著低于同时进行组，$p<0.01$，$p<0.05$，外显－类比组和类比－外显组没有显著差异，这说明在大学生组中，同时进行组受试习得的知识数量多于另外两组。在初中生组中，由于三组的样本量不同，采用 Scheffe（c）法对各组的均值进行多重比较。结果显示，外显－类比组和同时进行组受试的知识数量均显著低于类比－外显组，$p<0.05$，$p<0.05$，外显－类比组和同时进行组没有显著差异，这说明对于初中生而言，类比－外显组受试习得的动作知识数量多于另外两组（如图 4-21 所示）。

表 4-18　不同年龄组受试动作知识数量的双因素方差分析表

误差来源	平方和	自由度	均方和	F 值	p 值
年龄	26.505	1	26.505	10.478	0.002
学习方式	22.371	2	11.186	4.422	0.016
年龄＊学习方式	34.558	2	17.279	6.831	0.002
残差	154.295	62	2.529		
总和	3536.000	67			

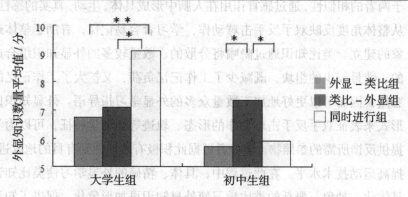

图 4-21　不同年龄组受试受试的动作知识数量

4.4.4 讨论

4.4.4.1 大学生运动技能学习的绩效

在保持测试中，同时进行组学习者的击球准确性、动作评分和动作知识的掌握程度均好于外显－类比组和类比－外显组。这一结果可能与大学生的工作记忆容量、运动能力和知识经验等方面的特点有关。与初中二年级学生相比，大学生的感知觉能力、注意持久性、记忆、思维等认知加工能力方面存在优势，他们的力量、运动准确性、运动协调性、运动速度、视觉－动觉控制等运动能力方面的优势使得他们能够获得更多的操作策略和技巧信息，形成更为丰富、准确的运动技能认知表征。另外，大学生有关运动的知识经验也比初中生丰富，正是认知加工能力、运动能力和知识经验等方面的优势使得大学生在记忆指导语和实际操作击球技能方面的学习负荷降低，因而在学习初期，同时进行组学习者可以将工作记忆资源分配到类比学习与外显学习两种机制的加工上。认知心理学家 Paivio 提出的双重编码说，从信息编码的角度将长时记忆分为两个系统，即表象系统和言语系统。表象系统以表象代码来贮存关于具体的客体和事件的信息；言语系统以言语代码来贮存言语信息。这两个系统既彼此独立又互相联系。运动技能学习的信息加工中有表象系统和言语系统的参与。在本研究的技能学习中，同时进行组中，类比学习指导语采用的隐喻以表象的形式进行信息编码，在实践中找到双手反手击球动作的"样例""原型"[258]，基于两者的相似性，通过感官作用在人脑中形成具体、生动、真实的感性表象，从整体角度反映双手反手击球动作，学习者容易记忆，有助于整体运动表象的建立。类比知识通过隐喻将分散的、数量较多的外显知识组合成整体的、数量较少的组块，既减少了工作记忆负荷，又扩大了工作记忆的信息容量，因而可以更好地加工数量众多的外显学习指导语。外显知识以语义形式来表征双手反手击球动作的形态、轨迹等运动学特征，可以为学习者提供反馈所需的参照物，学习者可据此积极有效地做到有目地改进动作，提高运动技术水平。在此过程中，具体、精确的外显学习使类比知识逐渐具体化，抽象、概括的类比学习使外显知识更加形象化，促进了知识的吸收和同化，这两种知识在动态的相互融合中形成知识的综合体，促进学习者更容易理解正手击球的动作要领，进而掌握动作姿势，提高击球准确性。而外显－类比组中，学习者在第一单元接受的 16 条双手反手击球动作外显知识虽然具体，但数量多，增加了信息加工量，初学者很难在较短的时间内加工如此多的信息，不容易记忆，因而影响了正手击球动作要领的掌握，进而影响肌肉层面肢体协调模式的形成，导致击球准确性难以在短时间内得到提高。而类比－外显组中，指导者先提供的几条类比指导语虽然具有概括性，有利于整体动作表象的形成，但仅是对这个动作的外部形态及环节间的动力关系等表面物理特征进行抽象和概括，缺乏动作的运动学特征，学习者很难用语义来表征，如果动作完成得不理想，缺少纠正动作的具体参照系。虽然在第二单元中指导者提供外显知识，但前期的学习进程已然受到了影响。

　　综上所述，由于同时进行组在整个学习过程中既有类比学习的自上而下的概念驱动加工，又有外显学习的自下而上的数据驱动加工，而其他两组在同一时间内只有一种加工方式，因此无论在击球准确性、动作评分还是在外显知识的掌握程度上，两种加工方式同时进行的组合学习效果好于其他两种组合方式。该结果说明，在运动技能学习中，利用类比学习和外显学习同时进行的组合方式能使大学生快速建立起更加清晰、准确的运动表象和正确的自我诊断评价标准，使运动表象上升为动作概念的过程加快，使练习者内部信息反馈能力得到提高，从而促进了运动技能学习。

　　迁移测试的结果显示，同时进行组学习者的击球准确性、动作评分和外显知识的掌握程度好于外显－类比组和类比－外显组。根据 Schmidt 的图式理论，迁移测试评估的是一般动作程序，是储存在记忆中的一类运动的抽象表征，是一类运动的固有特征和参数，包括技能表现中的相对时间（类似于节奏）、相对力量和各运动部分的顺序或次序[259]。根据这一观点分析，在大学生的网球技能学习中，与其他两组相比，同时进行组学习者所接受的指导语方式可能有利于一般运动程序的建立与形成，这一结果的内在机制有待今后进一步研究。

4.4.4.2 初中生运动技能学习的绩效

　　在保持测试中，类比－外显组学习者的击球准确性、动作评分和外显知识的掌握程度好于外显－类比组和同时进行组。这可能与运动技能学习的实质和青少年的工作记忆容量、运动能力及其相关的知识经验等有关。Gagne 认为，运动技能的实质由两个成分组成：一是描述如何进行动作的规则；二是因练习和反馈而逐渐变得精确而连贯的实际的肌肉运动。换言之，运动技能的学习既包括认知层面对操作规则、策略的信息进行有效学习，又包括肌肉层面技能操作的学习。学习初期，学习者需要将有限的注意分配于认知层面记忆指令和肌肉层面实际技能操作的学习，而个体的注意容量是有限的，这种有限性体现在工作记忆容量的有限性，而工作记忆容量又具有显著的年龄差异。有研究表明，年龄是影响工作记忆容量（亦称工作记忆广度）的一个重要变量。李美华、沈德立以小学三年级、五年级、初中二年级、高中二年级学生的工作记忆广度进行了测量，发现工作记忆广度随着年龄的增长而发展，其中言语工作记忆广度具有显著的年龄差异，初二年级学生的言语工作记忆广度为 10.18 ± 9.43。另有研究表明，视空间工作记忆广度具有显著的年龄差异，13 岁青少年的视空间工作记忆广度为 3.66 ± 0.87，14 岁青少年的视空间工作记忆广度为 3.81 ± 1.08[260]。Case 借助工作记忆的资源 – 共享模式解释了工作记忆广度随年龄增长的原因。该模式认为，加工和贮存是工作记忆系统内两个相互矛盾的过程。在资源有限的情况下，个体用于加工的资源多，剩给贮存的资源就少；反之亦然。随着年龄的增长，儿童加工任务的能力有所提高，在执行工作记忆广度任务时，用于加工的资源量相对减少，剩余给贮存的资源量相应增加，从而使最后的回忆成绩（工作记忆广度）较好[261]。因此，与大学生相比，初中生的工作记忆容量更少。

初二年级学生的力量、运动准确性、运动协调性、运动速度、视觉 – 动觉控制以及有关运动的知识经验远不如大学生[262][263]，肌肉层面技能操作的学习负荷大，分配到认知层面记忆指导语的注意资源减少。另外，皮亚杰认为，11～15 岁青少年的神经系统转换能力较快、较活泼、易兴奋，也易疲劳，注意力不容易持久集中，思维处于形式运算思维阶段（formal operational stage），抽象逻辑思维虽然开始占优势，可是在很大程度上还属于经验型，他们的逻辑思维需要具体形象的感性经验的直接支持。正是认知加工能力和工作记忆容量的有限性，使初中生在记忆指导语方面的学习负荷增加。因此，在学习初期，外显 – 类比组和同时进行组的初二学生在第一单元接受的有关双手反手击球技能的大量信息超过了学习者工作记忆所能加工的信息容量，造成工作记忆负荷超载，学习者无法在记忆指导语和技能操作之间切换，表现出手忙脚乱，影响了动作要领和动作姿势的学习效率。

一个解决的办法就是在最初的练习中只描述技能最主要的特点，以确保初学者在一开始就掌握要点。当最重要的成分掌握了，再用语言指导初学者掌握下一个重点[264]，以此类推。类比－外显组学习者在第一单元接受的三条类比指导语大大减少了学习者需要加工的信息量，降低了工作记忆负荷；同时，隐喻通过学习者熟悉的具体经验既生动形象地道出了双手反手击球的动作要领，又有助于学习者轻松愉快地理解与接受。直观、整体性的特征便于青少年更完整深刻地建立起清晰的动作表象，促进整体运动表象的建立。第二单元的外显学习指导语详细描述了完成双手反手击球动作的节奏、相对力量、顺序等这些固定特征和参数，反映的是技能动作的本质特征、完成动作的原理规则，即完成动作所必须服从的规律，既可以避免类比学习可能造成的负迁移，避免错误动作的形成，又能减少教学的盲目性，加快学习进程。类比－外显的组合方式遵循先易后难，先简后繁的顺序循序渐进地进行学习，使青少年从粗略掌握动作，过渡到巩固与提高阶段，使之尽快掌握动作。因此，只有从学生不同年龄阶段的思维发展的特点出发来组织和进行教学，才能减少他们理解和掌握抽象概念和规律的困难。

这一结果也验证了奥苏贝尔"先行组织者"教学策略能够促进学习者有意义学习效果的观点，即学习者面对新的学习任务时，如果原有认知结构中缺少同化新知识的适当的上位观念，或原有观念不够清晰或巩固，则有必要设计一个先于学习材料呈现之前呈现的一个引导性材料，可以用通俗易懂的语言或直观形象的具体模型，但是在概括和包容的水平上高于要学习的材料，构建一个使新旧知识发生联系的桥梁[265]。这一策略有利于培养学习者用原有知识逻辑进行演绎推理的学习策略，并对知识的保持和迁移具有明显的效果。类比－外显组先接受的类比指导语是学习者认知结构中清晰稳固且熟悉的日常行为动作，是对双手反手击球动作的高度概括，将已有知识和即将学习的新知识联系起来，促进对双手反手击球动作要领的理解，使新知识与原有认知结构融合贯通，有利于学习者用原有认知结构中的相同成分同化新知识，对比较顺利地获得新知识具有明显的优势，而且效率高。

迁移测试中，类比－外显组学习者的击球准确性、动作评分和外显知识的掌握程度好于外显－类比组和同时进行组。这可能是因为，对于初中生学习者而言，先类比后外显的组合方式更利于一般运动程序的建立和形成，这种结果的内在机制尚需进一步探讨。

综上所述，在大学生双手反手击球技能学习中，同时进行组学习者在保持测试和迁移测试中的击球准确性、动作评分和外显知识的掌握程度好于外显－类比组和类比－外显组。在初中生双手反手击球技能学习中，类比－外显组学习者在保持测试和迁移测试中的击球准确性、动作评分和外显知识的掌握程度好于同时进行组和外显－类比组。研究结果证实了本研究的预期假设，即类比学习与外显学习的不同组合方式对不同年龄学习者网球技能的学习产生了不同的影响[266]。

4.4.5 结论

初学者的年龄是影响运动技能学习绩效的重要因素之一。研究结果显示，不同年龄的初学者学习网球技能时，类比学习和外显学习的最佳组合方式不同：（1）对于大学生初学者而言，类比学习与外显学习同时进行的组合方式获得的绩效好于外显－类比学习和类比－外显学习方式；（2）对于初中生初学者而言，类比－外显学习方式获得的绩效好于类比与外显同时进行的学习方式和外显－类比学习方式。

五、结论、贡献与不足

5.1 结论

本研究以初学者为研究对象，首先探讨了网球技能学习中类比学习与外显学习的协同效应，在此基础上分别探讨了类比学习与外显学习的不同组合方式对不同任务性质、不同任务难度、不同年龄初学者网球技能学习的影响，共进行了四个实验，得出如下结论：

（1）对于初学者而言，类比学习与外显学习相结合获得的绩效好于单一的类比学习或外显学习。

（2）任务性质是影响运动技能学习绩效的重要因素之一。学习不同性质的网球技能时，类比学习和外显学习的最佳组合方式不同：学习闭锁性技能时，类比学习与外显学习同时进行组学习者的绩效好于外显-类比学习者和类比-外显学习者。学习开放性技能时，类比-外显组学习者的绩效好于类比与外显同时进行组学习者和外显-类比学习者。

（3）任务难度是影响运动技能学习的重要因素之一。学习不同难度的网球技能时，类比学习和外显学习的最佳组合方式不同：学习低难度技能时，类比学习与外显学习同时进行组学习者的绩效好于外显-类比学习者和类比-外显学习者。学习高难度技能时，类比-外显学习者获得的绩效好于类比与外显同时进行组学习者和外显-类比学习者。

（4）初学者的年龄是影响运动技能学习绩效的重要因素之一。不同年龄初学者学习网球技能时，类比学习和外显学习的最佳组合方式不同：对于大学生初学者而言，类比学习与外显学习同时进行组学习者的绩效好于外显-类比学习者和类比-外显学习者。对于初中生初学者而言，类比-外显学习者获得的学习效果好于类比与外显同时进行学习者和外显-类比学习者。

5.2 贡献

以上研究结果证实了本文的理论假设，即，初学者学习网球技能时，类比学习与外显学习相结合的学习方式获得的绩效好于单一的类比学习和单一的外显学习；类比学习与外显学习的不同组合方式对不同任务性质、不同任务难度以及不同年龄的初学者网球技能学习的效果产生不同的影响。因此本文主要的贡献是：

（1）根据运动技能内隐与外显协同学习的理论，本研究提出并验证了对于初学者而言，类比学习与外显学习相结合的学习效果好于单一的类比学习或单一的外显学习的学习效果的观点，为类比与外显的协同学习在运动技能学习领域的应用提供实验支持；

（2）根据三元交互作用理论，本研究提出并验证了初学者学习网球技能时，类比学习与外显学习的最佳组合方式因任务性质、任务难度、学习者年龄的不同而不同的观点，启示我们在初学者学习网球技能及其相似技能时，应根据具体情况选用类比学习与外显学习的最佳组合方式，以提高学习效率；

（3）本研究既可以为提高体育教学、运动训练以及全民健身指导的效率提供理论支撑，而且还可为内隐与外显的协同学习理论在运动技能学习中的实践性操作提供建设性的指导意见，进一步丰富国内外运动技能内隐学习领域的研究成果。

5.3 本研究存在的不足

本研究探讨了类比学习与外显学习的协同效应及其不同组合方式对运动技能学习的影响，由于时间、精力乃至能力所限，研究中仍然存在一些不足：

（1）本研究只是从任务性质、任务难度和学习者年龄的角度探讨了类比学习与外显学习的不同组合方式对运动技能学习的影响，今后应探讨其他因素的影响；

（2）本研究在网球技能学习上的研究结果能否被推广到其他项目中，还有待今后做进一步的实验；

（3）在今后的研究中应使实验设计更为严谨，以进一步消除顺序效应。

参考文献

［1］ Milner, B., corkin, S., Teuber, H.-L. Further analysis of the hippocampal amnesic syndrome:14 year follow-up study of HM ［J］. Neuropsychologia, 1968, 6（3）:215-234.

［2］ Reber, P. J., Spuire, L.R. Encapsulation of implicit and explicit memory in sequence learning ［J］. Journal of Cognitive Neuroscience, 1998, 10（2）: 248-263.

［3］ 庞捷敏, 原献学, 李建升. 无意识研究新进展: 无意识思维理论述评［J］. 心理学探新, 2007, 27（4）: 8-12.

［4］ 崔立中. 论创新的意识加工与无意识加工 ［J］. 辽宁师专学报, 2003, （1）: 1-3.

［5］ 柯学, 隋南, 沈德立. 脑的感知觉无意识加工及其研究进展 ［J］. 心理学报, 2001, 33（1）: 88-93.

［6］ 李西林, 霍涌泉. 意识与无意识关系新解 ［J］. 西北师大学报, 2005, 42（4）: 91-95.

［7］ 陶沙, 李蓓蕾. 内隐认知: 认识人类认知与学习的新窗口 ［J］. 北京师范大学学报, 2002, （4）:12-19.

［8］ 杨治良, 高桦, 郭力平. 社会认知具有更强的内隐性——兼论内隐和外显的 "钢筋水泥" 关系 ［J］. 心理学报, 1998, 30（1）:1-6.

［9］郭秀艳，杨治良.内隐学习与外显学习的相互关系［J］.心理学报，2002，34（4）：351-356.

［10］谢勇，范文杰.内隐认知功能在运动学习中的体现与应用［J］.北京体育大学学报，2010，33（7）：142-144.

［11］罗海英.无意识教育研究［D］.长沙：湖南师范大学，2005.

［12］张浩.论潜意识或无意识认识［J］.东岳论丛，2007，28（4）:126-130.

［13］范文杰，戴雪梅，杨洪.论运动灵感及其捕捉［J］.中国体育科技，2005，41（5）：8-11.

［14］Gazzaniga，M. S. 主编.认知神经科学.沈政等译校［M］.上海：上海教育出版社，1998:758-759.

［15］Reber，A. S. Implicit learning of artificial grammars［J］. Journal of Verbal Learning and Verbal Behavior，1967，6（6）：855-863.

［16］Reber，A. S. Implicit Learning of Artificial Grammars［J］. Journal of Verbal Learning &Verbal Behavior，1967，6（6）:317-327.

［17］Lewicki，P. Czyzewsk，A. M.，Hoffman，H. Unconscious acquisition of complex procedural knowledge［J］. Journal of Experimental Psychology: learning，Memory，and Cognition，1987，13(4):523-530.

［18］Mathews，R. C.，Buss，R. R.，Stanley，W. B.，Blanchardfields，F.，Cho，J. R，et al. Role of implicit and explicit processes in learning from examples: A synergistic effect［J］. Journal of Experimental Psychology: Learning，memory and Cognition，1989，15（6）:1083-1100.

［19］林颖.内隐学习机制及其个体差异的研究——发展的视角［D］.上海:华东师范大学，2003.

［20］Jiménez，L.，Mendez，C. & Cleeremans，A. Direct and indirect measures of implicit learning［J］Journal of Experimental Psychology，1996，22（4）:948-969.

［21］Seger，C .A. Multiple forms of implicit learning［M］//Stadler，Michael A.

（Ed），Frensch，Peter A.（Ed）. Handbook of Implicit Learning. CA，US: Sage Publications，Inc，1998.

［22］Frensch, P. A., R ü nger D. Current Directions in Implicit Learning［J］. Psychological Science，2003，12（1）：13–18.

［23］Reber，A.S. Implicit learning and tacit knowledge［J］.Journal of Experimental Psychology: General，1989，118（3）：219–235.

［24］Berry，D. C., Dienes，Z. Implicit learning: theoretical and empirical issues［M］.Hove（UK）: Lawrence Erlbaum Associates，1993.

［25］杨治良，叶阁蔚.内隐学习"三高"特征的实验研究［J］.心理科学，1993，16（3）：138–144.

［26］O'Brien–Malone，A.，Maybery，M. In Kirsner，K.，Speelman，C(eds). Implicit and explicit mental processes［M］.Mahwah，NJ: Lawrence Erlbaum Associates，1998:37–55.

［27］张卫.内隐学习及其特征研究［J］.华东师范大学学报：教育科学版，2001，19（1）:56–61.

［28］刘耀中.论内隐学习的本质特征［J］.湛江师范学院学报，1998，（2）:93–96.

［29］郭秀艳.内隐学习［M］.上海：华东师范大学出版社，2003: 332.

［30］郭秀艳.内隐学习：一种不知不觉的学习［J］.教育科学，2003，19（6）:41–44.

［31］张卫.序列位置内隐学习机制和影响因素的实验研究［D］.广州：华南师范大学，1999.

［32］Maybery，M，O'Brien–Malone，A. Implicit and automatic processes in cognitive development［M］//. Kirsner K，Speelman C，Maybery M，O'Brien–Malone A，Anderson M.Implicit and Explicit Mental Processes，1998: 149–170.

［33］Nissen，J，Bolemer，P. Attentional Requirements of learning:

Evidence from performance measures [J]. Cognitive Psychology, 1987, 19（1）: 1-32.

[34] Schneider, W., Shiffrin, R. M. Controlled and automatic human information processing I: Detection, search and attention [J]. Psychological Review, 1977, 84（1）:1-66.

[35] 郭秀艳. 试析内隐学习的长时功效 [J]. 应用心理学, 2003, 9（4）: 43-44.

[36] 李祚. 人工语法内隐学习加工自动化特征研究 [J]. 沈阳工程学院学报：社会科学版, 2008, 4（1）:104-108.

[37] 唐菁华. 内隐学习中知识及其意识水平测量 [D]. 上海：华东师范大学, 2010.

[38] Scott, R. B., Dienes, Z. The conscious, the unconscious and familiarity [J]. Journal of Experimental Psychology:Learning, Memory, and Cognition, 2008, 34（5）: 1264-1288.

[39] Dienes, Z., Scott, R. Measuring unconscious knowledge: distinguishing structural knowledge and judgment knowledge [J].Psychological Research, 2005, 69（5-6）:338-351.

[40] 关守义. 内隐学习中的知识习得及其无意识性测量 [D]. 上海：华东师范大学, 2012.

[41] 张润来, 刘电芝. 人工语法学习中意识加工的渐进发展[J].心理学报, 2014, 46（11）: 1649-1660.

[42] 杨海波. 内隐序列学习中意识知识和无意识知识的测量[D].苏州：苏州大学, 2015.

[43] 郭秀艳, 崔光成. 内隐学习本质特征的实验研究 [J]. 心理科学, 2002, 25（1）:46.

[44] Karmiloff-Smith, A. Beyond modularity: A developmental perspective on cognitive science. [M]. Cambridge, Mass:MIT Press/Bradford books,

1992（reprinted 1995.

［45］陈寒.内隐学习意识性的实验研究［D］.大连：辽宁师范大学，
2005.

［46］林颖，周颖.试论内隐学习的多水平动态观［J］.心理科学，
2005，28（4）:995-997.

［47］郭秀艳.试析内隐学习的意识－无意识兼容性［J］.心理科学，
2003，26（6）:1015-1019.

［48］郭秀艳，黄佳，孙怡，杨治良.内隐学习抽象性研究的新进展［J］.
心理学探新，2003，86（2）:15-19.

［49］Reber，A.S. Implicit learning and tacit knowledge: An essay on the
cognitive unconscious［M］. New York：Oxford University Press，
1993:1-50，88-123.

［50］Myers，C.，Conner，M. Age differences in skill acquisition and transfer
in an implicit learning paradigm［J］.Applied Cognitive Psychology，
1992，6（5）:429－442.

［51］Howard，J. H.，Howard，D. V.，Dennis，N. A.，Kelly，A.
J. Implicit learning of predictive relationships in three－element visual
sequences by young and old adults［J］.Journal of Experimental
Psychology Learning Memory & Cognition，（2008，34（5）:1139-1157.

［52］Cherry，K. E.，Stadler，M. A. Implicit learning of a nonverbal
sequence in younger and older adults.［J］.Psychology & Aging，1995，
10（3）:379-394.

［53］Vinter，A.，Perruchet，P. Implicit learning in children is not related
to age: Evidence from drawing behavior［J］. Child Development，
2000，71（5）:1223-1240.

［54］Maybery，M.，Taylor，M.，O'Brien－Malone，A. Implicit learning:Sensitive
to age but not IQ［J］.Australian Journal of Plant Physiology，1995，47

（1）:8-17.

[55] Perruchet, P., Frazier, N., & Lautrey, J. Conceptual implicit memory:A developmental study [J]. Psychological Research, 1995, 57（3-4）:220-228.

[56] Komatsu, S., Naito, M., & Fuke, T. Age-related and intelligence-related differences in implicit memory:Effects of generation on a word-fragment completion test [J].Journal of Experimental Psychology, 1996, 62（2）:151-172.

[57] Reber, A. S., Walkenfeld, F.F., & Hernstadt, R.Implicit and explicit learning:Individual differences and IQ [J].Journal of Experimental Psychology.Learning, Memory, and Cognition, 1991, 17（5）:888-896.

[58] 范兆兰, 郭秀艳.内隐学习的抗干扰性特征研究 [J].心理科学, 2002, 25（1）:108.

[59] Turner, C. W., Fsichler, I. S. Speeded tests of implicit knowledge [J]. Journal of Experimental Psychology: Learning memory and cognition, 1993, 19（5）:1165-1177.

[60] Stanovich, K. E. Distinguishing the reflective, algorithmic, and autonomous minds: Is it time for a tri-process theory? In J. S. B. T. Evans & K.Frankish（Eds.）, In two minds:Dual processes and beyond [M]. Oxford, UK: Oxford University Press, 2009:55-88.

[61] Kaufman, S. B., DeYoung, C. G., Gray, J. R., Jiménez, L., Brown, J., Mackintosh, N. Implicit learning as an ability [J]. Cognition, 2010, 116: 321-340.

[62] Nilsson, L., Olofsson, U., Nyberg, L. Implicit memory of dynamic information [J]. Bulletin of the Psychonomic Society, 1992, 30（4）:265-267.

［63］郭秀艳.内隐学习研究方法述评［J］.心理科学，2004，27（2）：434-437.

［64］Willingham，D. B.，Greeley，T.，Brdone，A. M. Dissociation in a serial response time task using a recognition measure: Comment on Perruchet and Amorim（1992）［J］.Journal of Experimental Psychology: Learning，Memory & Cognition，1993，19（6）：1424-1430.

［65］郭秀艳，朱磊，邹庆宇.内隐学习的主观测量标准［J］.心理科学，2005，28（5）：1192-1195.

［66］Rosenthal，D. M. Two Concepts of Consciousness［J］.Philosophical Studies，1986，49（3）：329-359.

［67］Raab，M. Decision making in sports: Influence of complexity on implicit and explicit learning［J］.International Journal of Sport and Exercise Psychology，2011，1（4）:406-433.

［68］任洁，章建成.运动技能获得中的内隐学习研究进展［J］.体育科学，2000，20（4）：75-77.

［69］Reber，A. S.，Lewis，S.，Cantor，G. On the Relationship between Implicit and Explicit Modes in the Learning of a complex rules structure［J］.Journal of Experimental Psychology:Human Learning and Memory，1980，6（5）:492-502.

［70］Kersten，A.W.，Eeales，J.L. Less really is more for adults learning s miniature artificial language［J］.Journal of Memory and Language，2001，44（2）:250-273.

［71］Sun，R.，Mathews，R. C. Exploring the interaction of implicit and explicit processes to facilitate individual skill learning［R］.Technical Report 1162（Approved for public release），2005.

［72］郭秀艳.内隐学习［M］.上海：华东师范大学出版社，2003:118-

141.

[73] Barrett, L. F., Tugade, M. M., Engle, R. W. Individual differences in working memory capacity and dual-process theories of the mind [J]. Psychological Bulletin, 2004, 130（4）: 553-573.

[74] 许学国, 尤建新, 彭正龙. 组织协同学习模型研究 [J]. 工业工程与管理, 2006, 11（1）:14-17.

[75] 吕佳. 组织结构的复杂性及协同研究 [D]. 天津: 天津大学, 2008: 12-13.

[76] 哈肯.H, 徐锡申等译. 协同学引论 [M]. 北京: 原子能出版社, 1984.

[77] 白列湖. 协同论与管理协同理论 [J]. 甘肃社会科学, 2007,（5）: 228-230.

[78] Sun R. Duality of The Mind [M]. Mahwah, NJ: Lawrence Erlbaum Associates, 2002.

[79] 葛操. 内隐与外显协同学习的发展研究 [D]. 天津: 天津师范大学, 2008.

[80] Domangue, T. J. The effect of implicit, explicit and synergistic training on learning an artificial grammar [D]. Baton Rouge: Louisana State University, 2002: 17-22.

[81] Sun, R., Zhang, X. Top-down versus bottom-up learning in cognitive skill acquisition [J]. Cognitive Systems Research, 2004, 5（1）:63-89.

[82] Sun, R., Slusarz, P., Terry, C. The interaction of explicit and implicit learning in skill learning: A dual-process approach [J]. Psychological Review, 2005, 112（1）: 159-192.

[83] Sun, R, Zhang X, Mathews, R. The interaction of implicit learning, explicit hypothesis testing learning and implicit-to-explicit knowledge extraction [J]. Neural Network, 2007, 20（1）:34-47.

［84］王慧.大学生内隐学习的实验研究及其启示［D］.南京：南京师范大学，2003.

［85］Slusarz，P，Sun，R.The interaction of explicit and implicit learning: An integrated model［C］. Proceedings of the 23rd Cognitive Science Society Conference，2001.

［86］杜建政，李明.CLARION 模型：内隐与外显技能学习的整合［J］. 心理科学进展，2006，24（6）：844–850.

［87］张淑华，朱启文，杜庆东，张辉等编著.认知科学基础［M］.北京： 科学出版社，2007：37–38.

［88］谢荣贵.内隐记忆与概念驱动对二语阅读的促进作用［J］.涪陵师范学院学报，2006，22（4）：65–67，149.

［89］Gagne，R.The Conditions of learning［M］.New York: Holt, Rinehart&Winston，1965.

［90］Guthrie，.R.The Psychology of Learning［M］.New York: Harper&Row，1952.

［91］姚家新.运动心理学［M］.武汉：武汉体育学院教材委员会， 2007:143–147.

［92］Magill，R. A.Motor learning and control:Concepts and applications（7th Ed.）［M］.McGraw–Hill，2003.

［93］Schmidt，R. A，Lee，T. D. Motor control and learning:A behavioral emphasis（3rd Ed.）［M］. Champaign，IL:Human Kinetics，1999.

［94］Poulton，E C.On Prediction in Skilled Movements［J］.Psychological Bulletin，1957，54（6）：467–478.

［95］Schmidt，R. A. Motor Control and Learning［M］. Human Kinetics Publishers，2005:264–265.

［96］Schmidt，R.，Lee，T. Motor Control and Learning: A Behavioral Emphasis（5th Edition）［M］.Human Kinetics，2011:327.

［97］Hergenhahn, B.R., Olson, M. An introduction to theories of learning（7th Edition）［M］.Prentice Hall, 1993.

［98］Glickstein, M., Yeo, C. The cerebellum and motor learning［J］. Journal of Cognitive Neuroscience, 1989, 2（2）:69-79.

［99］Fournier, E., Emmanuel, P-D. Changes in transmission in some reflex pathways during movement in humans［J］.Physiology, 1989, 4（1）:29-32.

［100］Wolpaw J R, Carp J S. Memory traces in spinal cord［J］.Trends in Neuroscience, 1990, 13（4）:137-142.

［101］Magill R A.Motor learning and control:Concepts and applications （4th Ed.）［M］.Dubuque: Brown & Benchmark, 1993:54-56.

［102］［美］Richard, A. Magill 著,张忠秋等译.运动技能学习与控制（第七版）［M］.北京:中国轻工业出版社, 2006: 188-189.

［103］刘德恩.试析动作学习理论模式的演变［J］.华东师范大学学报（教育科学版）, 1999,（4）:63-69.

［104］李振波.动作技能学习理论述评［J］.职教通讯, 1998（8）:28-30.

［105］丁俊武.动作技能学习理论的演变及发展展望［J］.北京体育大学学报, 2007, 30（3）: 420-422.

［106］夏娇阳,尹大利.运动技能学习过程的理论与特点研究［J］.沈阳体育学院学报, 2002,（3）: 86-87.

［107］Adams, J.A. Historical Review and Appraisal of Research on the Learning, Retention and Transfer of Human Motor Skill［J］. Psychological Bulletin. 1987, 101（1）:41-74.

［108］刘晓茹,冯琰.运动技能学习与控制的闭环控制模式［J］.沈阳体育学院学报, 2005, 24（3）: 47-48, 51.

［109］Singer, R.N. Motor Learning and Human Performance（2nd ed）［M］. New York: Macmillan Co. 1980.

［110］张奇.学习理论［M］.武汉：湖北教育出版社，1998:266-271.

［111］Newell, K.M., & Barclay, C.R. Developing knowledge about action. In J.A.S. Kelso & J.E. Clark（Eds.）, The development of movement control and co-ordination［M］. New York: Wiley & Son, 1982:175-212.

［112］李捷.运动技能形成自组织理论的建构及其实证研究［M］.北京：北京体育大学出版社，2006.

［113］屈林岩.学习理论的发展与学习创新［J］.高等教育研究，2008，29（1）:70-78.

［114］柴娇，张力.学习理论研究进展与不同性质运动技能的学习原理探析［J］.东北师大学报（哲学社会科学版），2011，251（3）:220-223.

［115］潘志国和吕乙林.体育运动技能学习理论的探讨［J］.体育师友，2002，（2）: 51-53.

［116］Fitts, P. M., Posner, M. I. Human performance［M］.Belmont, CA: Brooks/Cole, 1965.

［117］金亚虹，章建成，任杰，杨烨.追加反馈对运动技能学习影响的国外研究进展［J］.心理科学，2001，24（2）:230-231.

［118］陈敬，章建成.反馈频率对追踪任务技能学习影响的实验研究［J］.武汉体育学院学报，2008，42（4）:50-53.

［119］金亚虹，章建成，孙耀华，任杰.延迟结果反馈对追踪任务技能学习的影响［J］.心理科学，2001，24（6）:739-740.

［120］Adams, J. A. A closed-loop theory of motor learning［J］.Journal of Motor Behavior, 1971, 3（2）: 111-149.

［121］Schmidt, R. A. A schema theory of discrete motor skill learning.［J］. Psychological Review, 1975, 82（4）: 225-260.

［122］Schmidt R.A., Wrisberg, C. A. Motor learning and Performance:A

Situation-based learning Approach（Fourth edition）［M］. United States: Human Kinetics，2007.

［123］孙海勇. 运动技能学习的理论研究与实践探索［D］. 南京：南京师范大学，2008.

［124］高雪梅，李红，郑持军. 迁移研究的发展与趋势［J］. 心理科学进展，2000，8（1）:46-53.

［125］刘宏宇，于立贤，王成. 运动技能学的迁移研究与练习法的分类［J］. 体育学刊，2001，8（4）: 55-56.

［126］殷恒婵，傅雪林，刘淑芳. 体育教学中运用运动技能学习迁移的研究［J］. 沈阳体育学院学报，2003，（1）:66-68.

［127］McLeod，P.，Dienes，Z. Do fielders know where to go to catch the ball，or only how to get there? ［J］. Journal of Experimental Psychology:Human Perception and performance，1996, 22(3):531-543.

［128］唐菁华，郭秀艳，秘晓冉. 内隐学习的新趋向——真实材料的实验室研究［J］. 心理发展与教育，2007，23（1）:124-127.

［129］Hardy，L.，Mullen，R. and Jones，G.，Knowledge and conscious control of motor actions under stress［J］. British Journal of Psychology，1996，87（4）: 621-636.

［130］Poolton，J.M.，Masters，R.S.W. and Maxwell，J.P. Passing thoughts on the evolutionary stability of implicit motor behaviour: Performance retention under physiological fatigue，Consciousness and Cognition，In Press，2007，16（2）:456-468.

［131］刘永东，张忠元. 内隐学习机制在运动技能教学中运用的可行性探讨［J］. 广州体育学院学报，2009，29（3）:96-99.

［132］郭秀艳. 内隐学习对技能类教学的启示［J］. 心理发展与教育，2004，20（1）:87-91.

［133］丁俊武，周志俊，任杰. 内隐学习理论的研究进展及其对体育教学

的启示.北京体育大学学报，2002，25（6）:816 — 817.

[134] 范文杰.内隐记忆和内隐学习研究对体育教学的启示[J].广州体育学院学报，2001，21（3）:36-38.

[135] 范文杰，王华倬.运动技能获得中的内隐学习与外显学习及其实质[J].天津体育学院学报，2004，19（1）:61-64.

[136] 岳辉.试论内隐学习与运动技能的掌握[J].内江科技，2008，29（10）:78，97.

[137] 薛留成，刘广欣.内隐学习理论及其在运动技能教学中的应用研究[J].成都体育学院学报，2005，31（2）: 118-121.

[138] 王媚，喻坚.内隐学习对运动技能教学的启示[J].湖北体育科技，2016，35（2）: 139-141，176.

[139] 任杰，章建成，杨烨，金亚虹，朱羿，李年红.运动技能的内隐学习与分心练习_对应激的抵御[J].体育科学，2001，21（3）:71-75.

[140] 任杰，章建成，杨烨，金亚虹，朱羿，李年红.内隐运动技能学习中的注意需求研究[J].心理科学，2001，24（4）: 501-503.

[141] 王来红，李磊.动作技能的内隐学习研究进展[J].四川体育科学，2010，（2）:54-57.

[142] Nissen，M，J.，Bullemer，P. Attentional requirements of learning: Evidence from performance measures[J]. Cognitive Psychology，1987，19（1）:1-32.

[143] 陈玲丽，刘文，吴家舵，任杰.不同运动经历人群的内隐序列学习能力[J].心理科学，2007，30（1）: 192-195.

[144] Pew，R. W. Levels of analysis in motor control[J]. Brain Research，1974，71（2-3）:393-400.

[145] Magill，R. A，Hall，K. G. Implicit learning in a complex tracking skill[C]. Paper presented at 30th Annual Meeting of the Psychonomic Society，1989，Atlanta，Georgia.

[146] Wulf, G.Schmidt, R.A.Variability of practice and implicit motor learning [J]. Journal of Experimental Psychology: Learning, Memory, and Cognition, 1997, 23（4）:987–1006.

[147] Sekiya, H. Implicit and explicit learning of tracking patterns [J]. Asian Journal of Exercise & Sports Science, 2009, 6（1）: 1–5.

[148] Baddeley, A .D., Wilson, B. A. When implicit learning fails: Amnesia and the problem of error elimination [J]. Neuropsychologia, 1994, 32（1）: 53–68.

[149] Maxwell, J. P., Masters, R.S.W. , & Eves, F. F. From novice to no know–how: A longitudinal study of implicit motor learning [J]. Journal of Sports Sciences, 2000, 18（2）: 111–120.

[150] Green, T. D., Flower, .J H. Implicit versus explicit learning processed in a probabilistic, continuous fine–motor catching task [J]. Journal of Motor Behavior, 1991, 23（23）: 293–300.

[151] Wulf, G., Mc Nevin, N.H. & Shea, C.H. The automaticity of complex motor skill learning as a function of attentional focus [J]. Quarterly Journal of Experimental Psychology A, 2001, 54（4）: 1143–1154.

[152] Masters, R. S. W. Knowledge, knerves and know–how: The role of explicit versus implicit knowledge in the breakdown of a complex motor skill under pressure[J]. British Journal of Psychology, 1992, 83（3）: 343–358.

[153] 郭宇刚, 吴家舵, 钱金梅.乒乓球项目中内隐学习效果的探讨 [J]. 中国体育科技, 2007, 43（3）:59–62, 139.

[154] Hardy, L., Mullen, R., & Jones, G. Knowledge and conscious control of motor actions under stress [J]. British Journal of Psychology, 1996, 87（4）:621–636.

[155] Magill, R. A., & Clark, R. Implicit versus explicit learning of pursuit tracking patterns [C]. Paper Presented at the Annual Meeting of the North American Society for the Psychology of Sport and Physical Activity, Denver, CO.1997.

[156] Mullen, R., Hardy, L., & Oldham, A. Implicit and explicit control of motor actions: Revisiting some early evidence [J]. British Journal of Psychology, 2007, 98（1）: 141-156.

[157] 贾志明. 复杂情境下运动技能内隐性学习的研究 [D] 上海：华东师范大学, 2009.

[158] Maxwell, J. P., Masters, R. S. W., & Poolton, J. M. Performance breakdown in sport: the roles of reinvestment and verbal knowledge [J]. Research Quarterly for Exercise And Sport, 2006, 77（2）: 271-276.

[159] Poolton, J. M., Masters, R. S., & Maxwell, J. P. The relationship between initial errorless learning conditions and subsequent performance [J]. Human Movement Science, 2005, 24（3）: 362-378.

[160] 王雁. 内隐学习在运动技能类学习中的应用 [J]. 当代教育论坛（校长教育研究）, 2008, 24（12）: 39-40.

[161] 范文杰，戴雪梅，杨洪. 运动技能的内隐学习与脑潜能开发 [J]. 中国体育科技, 2005, 41（6）: 40-44.

[162] 隋红. 内隐学习在运动技能学习中的优势效应 [J]. 喀什师范学院学报, 2006, （3）: 75-78.

[163] Ammons, R. B., Farr, R. G. Longer-term retention of perceptual-motor skills [J]. Journal of Experimental Psychology, 1958, 55: 318-328.

[164] 赖勤, Benedict, R. J., Keating Xiaofen, D, Kovacs, A. J. 双任务中内隐运动技能学习对提高保持成绩的作用（英文）[J]. 天

津体育学院学报，2009，24（2）：138-141.

［165］柳靖宇.运动技能内隐学习与外显学习遗忘进程的比较研究［D］.南昌：江西科技师范大学，2012.

［166］Raab，M. Decision making in sports:Influence of complexity on implicit and explicit learning［J］.International Journal of Sport and Exercise Psychology，2011，1（4）:406-433.

［167］马爱国，丁焕香.内隐与外显学习对篮球战术决策影响的初步研究［J］.天津体育学院学报，2010，25（2）：171-174.

［168］方军，范文杰，刘芳，张新中.运动技能获得中的内隐学习本质研究［J］.北京体育大学学报，2009，（3）：90-93.

［169］王来红，王树明.内隐优势效应与运动技能学习［J］.四川体育科学，2009，（4）：35-38.

［170］付杰.运动技能迁移过程中内隐学习与外显学习关系的实验研究［J］.科技信息，2014，（6）：173-174.

［171］Masters，R. S. W. Theoretical Aspects of Implicit Learning in Sport［J］. International Journal of Sport Psychology，1970，31（4）：530-541.

［172］Steenbergen，B，Van，K. J.，Verneau M.，et al. Implicit and explicit learning: Applications from basic research to sports for individuals with impaired movement dynamics［J］. Disabil Rehabil，2001，32（18）：1509-1516.

［173］王义平，于志华.运动领域内隐学习方法的诠释［J］.武汉商业服务学院学报，2013，27（2）：65-69.

［174］胡桂英，许百华，胡婷婷.运动技能内隐学习研究的现状与展望［J］.心理科学，2009，（6）：1395-1397.

［175］王来红，王树明.动作技能内隐学习的方法学研究［J］.首都体育学院学报，2010，22（6）:85-88.

［176］Maxwell, J.P., Masters, R.S.W., Kerr, E. and Weedon, E. The Implicit benefit of learning without errors［J］.Quarterly Journal of Experimental Psychology A, 2001, 54（4）：1049-1068.

［177］毛景广，朱天明，苏江.注意力策略研究回顾［J］.北京体育大学学报，2007，30（3）:340-343.

［178］Wulf, G., Lauterbach, B., & Toole, T. The Learning advantages of an external focus of attention in golf［J］. Research Quarterly for Exercise and Sport, 1999, 70（2）:120-126.

［179］王森.运用外在注意焦点策略进行网球技能教学的实验研究［D］.西安：陕西师范大学，2014.

［180］McNevin, N.H., Shea, C.H. and Wulf, G. Increasing the distance of an external focus of attention enhances learning［J］.Psychological Research, 2003, 67（1）:22-29.

［181］Poolton, J.M., Maxwell, J.P., Masters, R.S.W. & Raab, M. Benefits of an external focus of attention:Common coding or conscious processing?［J］.Journal of Sports Sciences, 2006, 24, （1）: 89-99.

［182］黄竹杭，李高峰，赖勤，杨雪芹.运用内部注意焦点促进初学者掌握开放式运动技能学习的研究［J］.广州体育学院学报，2012，32（3）：100-103，94.

［183］黄竹杭，李高峰，赖勤，杨雪芹.运用外部注意焦点提高高水平选手开放式运动技能学习效率的实验研究［J］.北京体育大学学报，2012，35（7）：108-112.

［184］谭嘉辉，黄竹杭，赖勤.注意焦点反馈对不同性质任务学习影响的实验研究［J］.北京体育大学学报，2014，37（12）：98-105.

［185］陈靓.不同注意指向对羽毛球运动员发球绩效及肌电特征的影响［D］上海：上海体育学院，2010.

[186] Zachry, T.L., Wulf, G., Mercer, J.A. & Bezodis, N. Increased movement accuracy and Reduced EMG activity as the result of adopting an external focus of attention [J]. Brain Research Bulletin, 2005, 67 (4): 304–309.

[187] 谭嘉辉，赖勤，黄竹杭. 注意焦点对运动技能学习影响的元分析研究 [J]. 北京体育大学学报，2012，35 (4): 80–87, 110.

[188] 康德. 宇宙发展史概论 [M]. 北京：商务印书馆，1980:147.

[189] Halpern, D.F., Hanson, C., Rierer, D. Analogy as an aid to understanding and memory [J]. Journal of Educational Psychology, 1990, 82 (2):298–305.

[190] Newby, T. J., Stepich, D. A. Learning abstract concepts:the use of analogies as a mediational strategy [J]. Journal of Instructional Development, 1987, 10 (2): 20–26.

[191] Blanchette, I., Dunbar, K. Representational change and analogy: How analogical inferences alter target representation [J].Journal of Experimental Psychology: Learning, Memory & Cognition, 2002, 28 (4): 672–685.

[192] Gentner, D. Structure–mapping: A theoretical framework for analogy [J]. Cognitive Science. 1983, 7 (2): 155–170.

[193] 吴庆麟等. 认知教学心理学 [M]. 上海：上海科学技术出版社，2000:227–229.

[194] Goswami, U. Analogical reasoning: What develops? A review of research and theory [J].Child Development, 1991, 62 (1):1–22.

[195] Keane, M. T. Analogical problem solving [J]. The American Journal of Psychology, 1990, 103 (4):581–586.

[196] Chen, Z. Analogical problem solving: A hierarchical analysis of procedural similarity [J]. Journal of Experimental Psychology,

2002，28（1）：81–98.

［197］杨君锐.类比学习机制的研究［J］.西安科技学院学报，2004，24
（2）：203–206.

［198］卢明森.思维奥秘探索–思维学导引［M］.北京：北京农业大学出
版社，1994：350–351.

［199］郭人仲.国中生物概念的类比学习之研究［D］.彰化：国立彰化师
范大学科学教育研究所，民国八十三年六月.

［200］于秀丽.类比推理结果的实验研究［D］.广州：华南师范大学，
2005.

［201］束定芳.隐喻学研究（第1版）［M］.上海：上海外语教育出版社，
2000：18–53.

［202］李福印.研究隐喻的主要学科［J］.四川外语学院学报，2000，16
（4）：44–49.

［203］胡壮麟.认知隐喻学［M］.北京：北京大学出版社，2004：1–7.

［204］夏征农.辞海［M］.上海：上海辞书出版社，1979：442.

［205］鲁枢元.文艺心理学大辞典［M］.武汉：湖北人民出版社，
2001，4：427.

［206］马莉.运动技术理念的隐喻与诠释［M］.北京：北京体育大学出
版社，2008：37.

［207］Sacks，S. On Metaphor［M］.Chicago: The University of Chicago
Press，1979.

［208］Ortony，A. Why metaphors are necessary and not just nice［J］.
Educational Theory，1975，25（1）：43–53.

［209］李桂荣，谢江南.类比的作用机制［J］.哈尔滨学院学报，2004，
25（10）：91–95.

［210］Poolton，J. M.，Zachry，T. L. So You Want to Learn Implicitly?
Coaching and Learning through Implicit Motor Learning Techniques［J］.

International Journal of Sports Science & Coaching, 2007, 2 (1): 67-78.

[211] Lasser, E. S. The use of sports analogies in coaching and counseling athletes [J]. Applied Research in Coaching & Athletics Annual, 1995: 228-246.

[212] Rumelhart, D. E., Norman, D. A. Analogical process in learning. In J.R. Anderson (Ed.), Cognitive Skills and Their Acquisition [M]. Hillsdale, N.J.: Erlbaum, 1981: 335-359.

[213] 王成熙. 类比学习探析 [J]. 桂林师范高等专科学校学报, 2002, 16 (2): 79-80.

[214] Spellmam, B. A., Holyoak, K. J. Pragmatics in analogical mapping [J]. Cognitive Psychology, 1996, 31 (3):307-346.

[215] Michael, J. S. Teaching the unknowable: Does analogy lead to implicit skill acquisition in A dart-throwing task? [D]. Ontario, Canada: Queen's University Kingston, 2007: 40-46.

[216] Liao, C. M., Masters, R. S. W. Analogy learning: A means to implicit motor earning [J]. Journal of Sports Sciences, 2001, 19 (5): 307- 319.

[217] Koedijker, J. M., Oudejans, R. R. D., Beek, P. J. Table tennis performance following explicit and analogy learning over 10, 000 repetitons[J]. International Journal of Sport Psychology, 2008, 39(3): 237-256.

[218] Masters, R. S. W., Poolton, J. M., Maxwell, J. P., Raab, M. Implicit motor learning and complex decision making in time-constrained environments [J] 2008, 40 (1):71-79.

[219] 胡桂英. 运动技能内隐学习的特征、机制和应用研究 [D]. 杭州：浙江大学, 2009.

［220］胡桂英，庄燕菲．基于运动技能内隐学习理论的 Choking 现象干预效果研究［J］．浙江体育科学，2012，34（1）:84-86.

［221］张宏新，季朝新．内隐学习对运动技能的影响：Choking 现象的困境与破解［J］．中国学校体育（高等教育），2014，（10）：40.

［222］Lam，W. K.，Maxwell，J.P.，& Masters，R. Analogy learning and the performance of motor skills under pressure［J］.Journal of Sport and Exercise Psychology，2009，31（3）：337-357.

［223］Lam，W. K.，Maxwell，J. P.，Masters，R. S. W. Analogy versus explicit learning of a modified basketball shooting task: Performance and kinematic outcomes［J］．Journal of Sports Sciences，2009，27（2）:279.

［224］Masters，R. S. W.，Maxwell，J. P. Implicit motor learning, reinvestment and movement disruption: What you don't know won't hurt you. In A. M. Williams & N. J. Hodges（Eds.），Skill acquisition in sport［M］.New York: Routledge，2004: 207－228.

［225］Yan，Y. W.，Agnes，G.The use of analogy to encourage implicit motor learning in children sprint running［D］．Hong Kong: The University of Hong Kong，2003:41-42.

［226］王章雄．论暗示教学法的启发式内核［J］.教育科学，1992，（3）：16-19.

［227］宋修娟．不同动作技能水平中学生内隐学习的实验研究［D］.上海：华东师范大学，2005.

［228］谢国栋．视障人群的动作内隐认知研究［M］.北京：中国社会科学出版社，2005.

［229］范文杰．运动技能获得中的内隐认知研究进展［J］.广州体育学院学报，2003，23（6）：55-58.

［230］范文杰，王晓玲．运动技能获得中内隐认知与外显认知的相互作用

研究进展 [J].天津体育学院学报，2009，24（5）:388-391.

[231] 郭宇刚，吴家舵.运动领域中内隐学习的研究 [J].河北体育学院学报，2006，20（2）：57-59.

[232] 孙敏，郭宇刚.排球运动中内隐学习效果的探讨 [J].北京体育大学学报，2007，30（5）：685-686.

[233] Bright, J. E., & Freedman, O. Differences between implicit and explicit acquisition of a complex motor skill under pressure: An examination of some evidence [J]. British Journal of Psychology, 1998, 89（2）:249-263.

[234] 鲍贵.评估者之间信度分析：从理论到实践 [J].外语电化教学，2010，20（2）：21-25.

[235] 谭芳.英语习得中内隐学习与外显学习的实证研究 [D].长春：吉林大学，2006：56.

[236] 霍次军，郭杰华.浅析健美操教学中的指导语言 [J].体育科技，1997，（22）：81-82.

[237] Paivio, A. Mind and its evolution: A dual coding theoretical approach [M]. Mahwah, NJ: Lawrence Erlbaum Associates. 2007.

[238] 于志华，章建成，黄银华.网球技能学习中类比学习与外显学习协同效应的研究 [J].上海体育学院学报，2011，35（2）：7-11.

[239] Bandura, A. Social Foundations of Thought and Action: A Social Cognitive Theory [M]. Englewood Cliffs:Prentice-Hall, 1986.

[240] 李美华，沈德立.不同年级学生的工作记忆研究 [J].韶关学院学报，2007，28（10）：141-144.

[241] 李志专.认知负荷理论的解读及启示 [J].煤炭高等教育，2009，27（1）：24150-52.

[242] 于志华，章建成，黄银华等.类比学习与外显学习的不同组合方式

对不同性质网球技能学习的影响——从闭锁性和开放性技能的视角 [J]. 体育科学, 2011, 31（5）: 65-74.

[243] 张荣珍, 刘凯. 运动技能学习中正自然强化作用与难度负荷的关系 [J]. 体育世界·学术版, 2006,（2）: 39-40.

[244] Mackay, D. G.The problem of rehearsal of mental practice [J].Journal of Motor Behavior, 1981, 13（4）: 274-285.

[245] 蒋中伟. 关于提高网球平击发球成功率的研究 [J]. 体育科学, 2000, 20（4）: 41-43.

[246] Willingham, D. B., Geodert, E. K.The relation between implicit and explicit learning: Evidence for parallel development [J].Psychological Science, 1999, 10（6）:531-534.

[247] Lagarde J, Li L, Thon B., Magill, R., Erbani, E. Interactions between human explicit and implicit perceptual motor learning shown by kinematics variables [J].Neuroscience Letters, 2002, 327（1）:66-70.

[248] Russele, J. Human error monitoring during implicit and explicit learning of a sensorimotor sequence [J]. Neuroscience Research, 2003, 47（2）:233-240.

[249] 赖勤, Benedict R J., Keating X D., Kovacs A J.. 双任务中内隐运动技能学习对提高保持成绩的作用 [J]. 天津体育学院学报, 2009, 24（2）:138-141.

[250] 温菲, 张智君. 外显知识对运动技能内隐学习的影响 [J]. 应用心理学, 2005, 11（2）:138-142.

[251] 樊琪. 自然科学的内隐学习研究 [D]. 上海: 华东师范大学, 2001:11-107.

[252] 周山, 杨烈祥. 外显与内隐知识的动态接口假说 [J]. 中南林业科技大学学报（社会科学版）, 2008, 2（5）: 115-117.

[253]［美］罗伯特.L.索尔所, 金伯利.M.麦克林, 奥托.H.麦克林著. 认

知心理学（第 7 版）［M］.上海：上海人民出版社，2008:214-215.

［254］于志华，章建成.大学生网球初学者类比学习和外显学习的协同效应研究——基于不同难度的视角［J］.上海体育学院学报，2015，39（2）：50-56.

［255］林崇德.发展心理学［M］.杭州：浙江教育出版社，1998:379-381.

［256］王亚南.加工速度、工作记忆与思维发展［D］.南京：南京师范大学，2004.

［257］Wishart，L. R.，Lee，T. D. Effect of aging and reduced relative frequency of knowledge of results on learning a motor skill［J］. Perceptual Motor Skill，1997，84（1）:1101-1122.

［258］姜春平.运动技能学习中动作概念嵌套表征机制作用的研究［D］. 长春：东北师范大学，2005.

［259］Schmidt，R. A. A schema theory of discrete motor skill learning［J］. Psychological Review，1975，82（4）:225-260.

［260］王亚南著.加工速度、工作记忆与思维发展 – 思维发展的心理机制探讨［M］.合肥：安徽人民出版社，2006，11:168.

［261］Case，R.，Kurland，M.，Goldberg，J. Operational efficiency and the growth of short term memory span［J］. Journal of Experimental Child Psychology，1982，33（3）:386-404.

［262］Halverson，L. E.，Roberton，M. A.，Langendorfer，S. Development of the overarm throw: Movement and ball velocity changes by the Seventh Grade［J］.Research Quarterly for Exercise and Sport，1982，53（2）:198-205.

［263］Pellegrini，A. M. The development of dual task performance［D］. Urbana:University of Illinois at Urbana-Champaign，1982.

［264］Guthrie，E. R.The psychology of learning［M］.New

York:Harper&Row， 1952.

［265］黎虹.先行组织者教学策略在高中化学概念教学中的应用研究［D］.
武汉：华中师范大学，2006.

［266］于志华，章建成.不同年龄青少年网球初学者类比学习和外显学习
的协同效应研究［J］.天津体育学院学报，2015，30（2）:157-162.

YorkShareandKope, 1992.

[205] 李世昌. 表象与操作对羽毛球正手击球动作学习的影响研究 [D].南京: 南京师范大学, 2009.

[206] 王志宏，陈小莹. 不同反馈对青少年网球正手击球动作技能学习的即时间成绩效应 [J]. 天津体育学院学报, 2015, 30(2): 157-162.

致 谢

本书是在导师章建成教授的严格要求、悉心指导下独立完成的。从论文的选题、宏观的结构定向到细微的字斟句酌，无不凝聚着导师的心血。学生终身难忘导师无暇顾及重伤住院的师母、牺牲自己的业余时间带伤辅导学生、百忙之中坚持给学生上课的情景，导师的敬业让学生见识了大师的风范，导师的辛勤付出将学生一步步引入充满魅力的心理学学术殿堂。导师渊博的学识让学生深深意识到自身学识的肤浅，唯恐自己交出的这份答卷，辜负了导师的期望。导师严谨的治学态度、强烈的事业心和无私奉献的精神让学生钦佩敬仰、受益终身。学术无愧人师，德行堪为世范。值此论文完成之际，谨向恩师章建成教授致以深深的敬意和诚挚的感谢！

感谢上海体育学院的周成林教授、李安民教授、张忠秋研究员、任杰副教授、张剑副教授、吴殷老师、李海老师、上海财经大学陈敬老师、江西师范大学黄文英副教授、绵阳师范学院谢国栋教授在论文选题、开题、撰写和预答辩过程中给予的无私指导与帮助！感谢武汉体育学院邱宜钧教授、贝恩博副研究员在生活和学习上对我至亲般的关怀。感谢华东师范大学郭秀艳教授、唐菁华博士和浙江大学王进教授在理论方面的指点，感谢河北体育学院运动训练系李岩峰老师、上海体育学院网球教研室史芙英老师、钟建荣老师、付饶老师、金昌龙老师及其硕士研究生康海同学、武汉体育学院柯勇老师和王凯军老师在网球技能学习实践方面不厌其烦的答疑解惑，你们的帮助使我坚定了研究方向。感谢武汉体育学院黄志剑副教授、徐淑玲副教授、何国民副教授、卓刀泉中学杨隽老师、武汉理工大学体育部王林老师、冯鑫老师、阳艺武老师、苏红鹏老师，感谢你们在实验场地、实验器材、联络学生等方面提供的便利，使我能够顺利完成4个多月、252名受试参加的实验。更要感谢我的朋友杨继美老师、李爱玲老师在炎炎烈日下帮我做实验的情谊，感谢我的搭档——武汉体育学院网球专业学生袁桂林、武汉理工大学研究生孙祚斌和王超同学善始善终的敬业精神，有你们的配合才有实验的顺利进行；有你们的陪伴，漫长而艰苦的实验才略显亮色。衷心感谢武汉理工大学252名可爱的大一男生，你们的配合给我留下了难忘的记忆！

感谢三年来在学习、生活中给予我关怀和帮助的上海体育学院博士生大家庭的各位家长，感谢读博期间一起奋斗的师兄弟姐妹们，我们在压力与快乐中共同成长！

感谢上海市第三期重点学科建设基金对本研究的资助！

一份深切的感激留给我的家人，感谢姐姐的关心、丈夫的鼓励以及儿子自强自立给我的安慰。

感谢在我成长的道路上关心、支持和帮助我的人！是你们的热心，帮我完成了这一难度极大的实验。我将把你们为我的付出作为人生道路上永远鞭策和激励我不断前行的动力，用成绩来回报你们的厚爱！

本书尚有许多不足之处，敬请专家、同行批评指正。

于志华
2011年4月18日

附 录

附录一 专家访谈提纲

访谈对象：执教 5 年以上的网球教练、教师等。

访谈时间：2008 年 12 月 –2009 年 12 月。

访谈形式：主要以结构式访谈为主，结合问卷形式访谈、电话访谈与电子邮件形式访谈。

（1）学习网球正手击球、平击发球、双手反手击球时，采用比喻指导的时机、情境与目的。

（2）在网球正手击球、平击发球、双手反手击球的学习中，经常采用的效果较好的比喻。

（3）网球正手击球、平击发球、双手反手击球的学习长度、计分体系、技能评定标准。

（4）网球正手击球、平击发球、双手反手击球的外显规则指导语和类比指导语。

（5）平击发球任务难度的设定。

（6）上旋正手击球任务复杂程度的设定。

附录二 知情同意书

（一）受试知情同意书

本研究拟考察没有网球运动经历的大学生学习网球技能的规律。实验期间，要求严格按照老师的教学方法学习，彼此之间不互相交流，课余时间不进行类似练习。具体实验时间见课程表。实验结束后，参加者的体育课成绩将得到加分的奖励。本研究的所有信息都将严格保密。

你是否愿意参加本研究？

签名：

（二）教练知情同意书

本研究拟聘请你负责执行网球技能学习实验课，每个实验中对三组受试采用不同的指导语异时授课，实验1为期5天，实验2、3、4为期9天，每天三组共4.5小时（具体时间见课程表）。实验期间，请你认真执行实验要求，配合主试顺利完成实验任务。如因故要中途退出，请提前10天通知我。

劳务费面谈，保质保量完成所有的实验后一并兑付。

你是否同意上述合作协议？

教练签名：

（三）助手知情同意书

本研究拟聘请你参加网球技能学习实验课，负责在幕布后组织那些依序等待击球练习的受试进行颠球练习，保证他们的安全，不允许他们观看击球者击球。实验1为期5天，实验2、3、4为期9天，每天4.5小时（具体时间见课程表）。实验期间，请你认真组织好课堂秩序。如因故要中途退出，请提前10天通知我。

劳务费面谈，保质保量完成所有的实验后一并兑付。

你是否同意上述合作协议？

主试签名：

（四）摄像师知情同意书

本研究拟聘请你担任网球实验测试的摄像师，负责拍摄每位受试完成击球动作的过程。共 4 个实验，每个实验有 3 组，每组有三次测试：前测、保持测试和迁移测试，每次测试 90 分钟，一位摄像师要集中注意力将被试完成动作的全程拍摄下来，另一位摄像师拍摄球的落点，力求清晰、完整，因为这是评定动作质量和击球准确性的重要依据。拍摄期间，还要负责保护好摄像机，防止被飞来的网球砸到或被学习者碰倒。如因故要中途退出，请提前 10 天通知我。

劳务费面谈，保质保量完成所有的实验后一并兑付。

你是否同意上述合作协议？

摄像师签名：

（五）记分员知情同意书

本研究拟聘请你担任网球实验测试中的记分员，负责记录每位受试击球后球的落点并进行记分处理。共 4 个实验，每个实验有 3 组，每组有三次测试：前测（每人 20 次击球）、保持测试（每人 20 次击球）和迁移测试（每人 20 次击球），每次测试 90 分钟（具体时间见课程表），请你集中注意记录，力求准确无误，因为这是评定击球准确性的重要依据。如因故要中途退出，请提前 10 天通知我。

劳务费面谈，保质保量完成所有的实验后一并兑付。

你是否同意上述合作协议？

记分员签名：

（六）评分者知情同意书

本研究拟聘请你担任网球动作技能评定的评分者，请你根据评定标准对录像中 210 位受试的动作技能及其获得的知识数量进行评定，力求准确无误，因为这是评定绩效的两个重要指标。如因故要中途退出，请提前 10 天通知我。

劳务费面谈，保质保量完成所有的实验后一并兑付。

你是否同意上述合作协议？

评分者签名：

附录三 受试个人信息及体育锻炼情况调查表（实验前用）

请根据实际情况，在下列横线处如实填写信息，在选项上画"√"。

姓名：　年龄：　岁 身高：　cm 体重：　kg 手机：

（一）你接受过校队或院队级别的专业运动训练吗？ A.接受过 B.没有接受过

（二）你接受过网球项目的指导或练习吗？ A.接触过 B.没有接触过

（三）你接受网球项目的指导或练习的时间：A.不超过两周 B.超过两周

（四）你现在正在从事别的体育项目锻炼吗？ A.是 B.否

（五）你现在正在从事哪（几）项体育锻炼？

（六）你现在从事这(几)项体育锻炼多长时间了？ A.不超过两周 B.超过两周

（七）请详细描述完成网球正手击球动作的过程并写下来。

附录四 动作知识调查表

姓名：

你知道如何完成上旋正手击球动作吗？请写下来（前测用）。

姓名：

假如你的朋友来到网球场，请你尽可能详细地写下刚才完成上旋正手击球时采用的任何与动作相关的规则、方法、技术等知识，以便使你的朋友能重复你的动作（测试结束后用）。

附录五 学习指导语

（一）正手击球的学习指导语

动作环节	外显学习指导语	类比学习指导语
准备姿势	①面对球网，两脚开立与肩同宽 ②双膝微曲，脚跟离地 ③上体直立前倾，重心落于前脚掌 ④右手握拍，左手轻托拍颈；拍头朝上，持拍于腹前，拍面垂直于地面，眼睛注视来球	①准备姿势就像穿着高跟鞋要跳起来一样
后摆引拍	①以右脚为轴向右侧身，重心移到右脚 ②左脚同时向前跨出一步 ③左手自然前伸 ④右手向后引拍至拍头与肩成一条直线	②引拍就像用拍子画侧倒的"U"的上半部
挥拍击球	①右脚蹬地，重心前移 ②向左转体带动右臂从后下方向前上方挥拍 ③右侧体前击球，击球时拍面垂直于地面	③挥拍击球就好像拍子爬山坡，从山脚向山顶移动，在山腰处击球
随挥跟进	①击球后挥拍至左肩 ②拍柄正对球网 ③肘关节与肩平 ④左手抓住拍颈 ⑤重心移至左脚	④随挥结束时就像亲吻右臂的肱二头肌

（二）平击发球的学习指导语

动作环节	外显学习指导语	类比学习指导语
准备姿势	①侧身站立，上体直立前倾，重心在左脚 ②左脚尖与端线呈 45 度左右，右脚与端线平行，脚尖点地 ③左手五指持球扣于拍颈处，右手体前握拍，轻托球拍在腰部，拍头指向前方	
抛球与引拍	①抛球与引拍同步开始 ②左腿向上蹬伸，左手掌心向上，在左脚前上方直臂竖直上抛 ③抛球高度为将拍子举起时高于一个拍头的位置 ④左手抛球的同时，右手引导球拍贴近身体由前往后、由下往上引至体后，然后再向头上方做大弧度摆动，抛球后左手指向球 ⑤屈肘使拍头下吊至腰处 ⑥双膝微曲 ⑦两肩外展 ⑧髋关节往前送 ⑨身体重心后移至右腿	①左手抛球时，就像托着一杯水上升 ②想象着正前方有一个圆形的大钟，将球抛在 12 点和 1 点之间 ③右手同时引导球拍像钟摆一样引至体后 ④引拍结束时，球拍背后下吊像"搔背" ⑤整个身体后展呈"弓"形，好像挽弓射日
挥拍击球	①两脚蹬地，向上挥拍时充分向前、向上伸展身体和右手臂 ②在身体前面最高点处击球，右手腕内扣，以拍的正中心平直击球的后中上部	⑥反弹背弓，右手腕带动小臂像抽鞭子一样在最高点处击球
随挥跟进	①身体重心前移跟进至左腿 ②左脚先跳进场内 ③收拍至身体左侧 ④左手抓住拍颈	⑦击球结束后，像被人拉着向前跳了一步

（三）双手反手击球的学习指导语

动作环节	外显学习指导语	类比学习指导语
准备姿势	①面对球网，两脚开立与肩同宽 ②双膝微曲，提踵 ③上体直立前倾，重心落于前脚掌 ④双肘微屈，拍头朝上略高于手腕，持拍于腹前，拍面垂直于地面，眼睛注视来球	①准备姿势就像穿着高跟鞋要跳起来一样
后摆引拍	①以左脚为轴，向左转体带动手臂和球拍后引 ②右脚同时向前方跨出一步，使右肩对网，比左肩稍低 ③手臂弯曲，大臂靠近身体，拍头与腰、髋同高 ④左脚蹬地，用左脚脚尖支撑身体，重心前移到右脚	②引拍和挥拍击球时，想象着对面的球场着火了，球拍就像满满一盆水，两手挥拍，就像端着满满一盆水向对面场地泼去，泼得越远越好
挥拍击球	①向右转体带动双手从后下方向前上方挥拍并有明显的前送动作 ②击球时左手主力，右手辅助，双手握紧球拍、手臂伸直 ③在身体左前方的腰部以上、肩膀以下击球，击球时拍面垂直于地面	
随挥跟进	①击球后挥拍至右肩后上方 ②手腕到右耳侧 ③拍柄和肘指向前下方 ④重心移至右脚	③随挥就像将麻袋甩到右肩头上，即扛麻袋的动作

附录六 技能评定标准

（一）正手击球技能评定标准

姓名： （保持／迁移）测试

动作环节		动作规则	12名受试得分情况											
			1	2	3	4	5	6	7	8	9	10	11	12
动作完整性80分	准备姿势10分(2分/条)	①不屈膝												
		②不提踵												
		③持拍位置不正确												
		④拍头不朝上												
		⑤上体没直立前倾												
	后摆引拍＋挥拍击球60分(8.5分/条)	①向右转身不充分												
		②重心未移到右脚												
		③左手没前伸												
		④拍头与肩不成一直线												
		⑤引拍太慢，导致击球点靠后												
		⑥拍面不垂直于地面												
		⑦击球时直腿直腰用拍捞球												
	随挥跟进10分(2分/条)	①重心没移到左脚												
		②拍子没有挥到左肩												
		③拍柄没正对球网												
		④肘关节与肩不平												
		⑤左手没抓住拍颈												
	合计（分）														
动作流畅性20分															
总和（分）															

（二）平击发球技能评定标准

姓名：   （保持／迁移）测试

动作环节		动作规则	12 名受试得分情况											
			1	2	3	4	5	6	7	8	9	10	11	12
动作完整性80分	准备姿势10分（2分/条）	①不是侧身站立												
		②左右脚的站位不正确												
		③两手握拍不正确												
		④身体重心不在左脚												
		⑤上身没有前倾												
	抛球与引拍＋挥拍急求60分（5分/条）	①抛球与引拍没有同步开始												
		②左手不是掌心向上直臂抛球												
		③抛球不稳定、位置不正确												
		④右手引拍时没控制好轨迹和拍面												
		⑤拍头没下吊至腰部												
		⑥没有曲膝												
		⑦两肩没有外展												
		⑧髋关节没往前送												
		⑨身体重心没有后移至右腿												
		⑩两脚没有蹬地												
		身体和右手臂没有向前、向上伸展、跳起												
		不是平直击球												
	随挥跟进10分（2.5条/分）	①身体重心没前移至左腿												
		②球拍没有收到身体左侧												
		③没用左手抓住拍颈												
		④不是左脚先落地												
合计（分）														
动作流畅性20分														
总和（分）														

（三）双手反手击球技能评定标准

姓名： （保持／迁移）测试

动作环节		动作规则	12名受试得分情况											
			1	2	3	4	5	6	7	8	9	10	11	12
动作完整性80分	准备姿势10分（2分/条）	①不屈膝												
		②不提踵												
		③持拍位置不正确												
		④拍头不朝上												
		⑤上体没有直立前倾												
	抛球与引拍＋挥拍击球60分（5分/条）	①重心未移至左脚												
		②向左转体不充分												
		③右脚没有上前跨一步												
		④大臂没靠近身体												
		⑤向后引拍时拍头不与腰、髋同高												
		⑥重心没前移至右腿												
		⑦向右转体不充分												
		⑧后脚没有蹬地												
		⑨击球时拍面不垂直于地面												
		⑩击球时手臂没伸直												
		击球时直腿直腰用拍捞球												
		击球时机不对，击球点靠后或靠前												
	随挥跟进10分（2.5条/分）	①球拍没有挥至右肩												
		②手腕未至右耳侧												
		③拍柄和肘没指向前下方												
		④重心没移至右脚												
合计（分）														
动作流畅性20分														
总和（分）														

附录七 实验—绩效数据

（一）前测绩效数据表

评价指标	组别	N	均值	标准差
击球准确性	外显组	12	0.3333	0.10075
	类比组	12	0.2958	0.11958
	结合组	12	0.3375	0.11104
	总数	36	0.3222	0.10918
动作评分	外显组	12	35.04	6.784
	类比组	12	35.17	5.910
	结合组	12	35.75	11.118
	总数	36	35.32	8.024
动作知识数量	外显组	12	0.00	0.000
	类比组	12	0.00	0.000
	结合组	12	0.00	0.000
	总数	36	0.00	0.000

（二）保持测试绩效数据表

评价指标	组别	N	均值	标准差
击球准确性	外显组	12	0.7250	0.14848
	类比组	12	0.7875	0.11894
	结合组	12	0.9083	0.12762
	总数	36	0.8069	0.14983
动作评分	外显组	12	71.42	10.971
	类比组	12	77.92	7.305
	结合组	12	90.17	4.826
	总数	36	79.83	11.139

（三） 迁移测试绩效数据表

评价指标	组别	N	均值	标准差
击球准确性	外显组	12	0.5750	0.18525
	类比组	12	0.7208	0.16161
	结合组	12	0.7458	0.16577
	总数	36	0.6806	0.18294
动作评分	外显组	12	63.46	9.166
	类比组	12	78.58	8.237
	结合组	12	83.29	7.021
	总数	36	75.11	11.699
动作知识数量	外显组	12	8.6250	1.56851
	类比组	12	3.0833	0.79296
	结合组	12	10.5000	1.83402
	总数	36	7.4028	3.49657

附录八 实验二绩效数据

（一）前测绩效数据表

评价指标	组别	闭锁性任务			开放性任务		
		N	均值	标准差	N	均值	标准差
击球准确性	外显－类比组	12	0.3375	0.08013	12	0.2333	0.07487
	类比－外显组	12	0.3625	0.08561	12	0.2292	0.05823
	同时进行组	12	0.3417	0.10408	12	0.2500	0.09535
	总数	36	0.3472	0.08860	36	0.2375	0.07595
动作评分	外显－类比组	12	38.92	9.793	12	38.42	5.946
	类比－外显组	12	38.83	10.684	12	37.17	9.456
	同时进行组	12	39.33	5.742	12	36.00	10.375
	总数	36	39.03	8.742	36	37.19	8.605
动作知识数量	外显－类比组	12	0.00	0.000	12	0.00	0.000
	类比－外显组	12	0.00	0.000	12	0.00	0.000
	同时进行组	12	0.00	0.000	12	0.00	0.000
	总数	36	0.00	0.000	36	0.00	0.000

（二）保持测试绩效数据表

评价指标	组别	闭锁性任务			开放性任务		
		N	均值	标准差	N	均值	标准差
击球准确性	外显－类比组	12	0.6375	0.09077	12	0.5125	0.14790
	类比－外显组	12	0.7208	0.15442	12	0.6292	0.10104
	同时进行组	12	0.8458	0.16161	12	0.5333	0.07487
	总数	36	0.7347	0.16072	36	0.5583	0.12042
动作评分	外显－类比组	12	76.42	6.721	12	67.25	6.240
	类比－外显组	12	78.00	4.134	12	74.08	5.712
	同时进行组	12	82.50	2.646	12	68.25	5.396
	总数	36	78.97	5.348	36	69.86	6.402

（三）迁移测试绩效数据表

评价指标	组别	闭锁性任务			开放性任务		
		N	均值	标准差	N	均值	标准差
击球准确性	外显－类比组	12	0.5708	0.10967	12	0.4208	0.13049
	类比－外显组	12	0.6583	0.18443	12	0.5375	0.12084
	同时进行组	12	0.7833	0.10941	12	0.4333	0.10517
	总数	36	0.6708	0.16141	36	0.4639	0.12740
动作评分	外显－类比组	12	73.67	6.499	12	64.33	7.773
	类比－外显组	12	74.25	7.497	12	71.33	6.638
	同时进行组	12	80.08	5.418	12	64.92	7.465
	总数	36	76.00	6.986	36	66.86	7.791
动作知识数量	外显－类比组	12	8.67	2.229	12	6.33	2.270
	类比－外显组	12	8.33	.888	12	8.17	1.337
	同时进行组	12	10.33	2.348	12	6.50	1.508
	总数	36	9.11	2.081	36	7.00	1.897

附录九 实验三绩效数据

（一）前测绩效数据表

评价指标	组别	高难度任务			低难度任务		
		N	均值	标准差	N	均值	标准差
击球准确性	外显-类比组	12	0.5125	0.19786	12	0.7042	0.15442
	类比-外显组	12	0.5292	0.14841	12	0.7167	0.20597
	同时进行组	12	0.5250	0.30113	12	0.7208	0.21369
	总数	36	0.5222	0.21858	36	0.7139	0.18770
动作评分	外显-类比组	12	23.83	7.371	12	25.67	7.548
	类比-外显组	12	25.42	7.585	12	24.00	7.398
	同时进行组	12	24.33	9.810	12	23.67	9.178
	总数	36	24.53	8.115	36	24.44	7.897
动作知识数量	外显-类比组	12	0.00	0.000	12	0.00	0.000
	类比-外显组	12	0.00	0.000	12	0.00	0.000
	同时进行组	12	0.00	0.000	12	0.00	0.000
	总数	36	0.00	0.000	36	0.00	0.000

（二）保持测试绩效数据表

评价指标	组别	高难度任务			低难度任务		
		N	均值	标准差	N	均值	标准差
击球准确性	外显-类比组	12	0.7417	0.24939	12	0.9125	0.10252
	类比-外显组	12	0.9667	0.14196	12	0.9125	0.18231
	同时进行组	12	0.7833	0.23094	12	1.1125	0.18356
	总数	36	0.8306	0.22906	36	0.9792	0.18298
动作评分	外显-类比组	12	41.83	9.370	12	44.58	14.279
	类比-外显组	12	50.92	9.765	12	45.67	12.752
	同时进行组	12	42.50	9.472	12	58.58	10.933
	总数	36	45.08	10.165	36	49.61	13.941

（三）迁移测试绩效数据表

评价指标	组别	高难度任务			低难度任务		
		标准差	N	均值	标准差	均值	标准差
击球准确性	外显－类比组	12	0.6625	0.20684	12	0.8042	0.14375
	类比－外显组	12	0.8667	0.20707	12	0.8208	0.19360
	同时进行组	12	0.6958	0.18397	12	0.9875	0.16254
	总数	36	0.7417	0.21398	36	0.8708	0.18337
动作评分	外显－类比组	12	39.25	9.343	12	42.58	12.457
	类比－外显组	12	48.33	8.907	12	43.67	12.802
	同时进行组	12	40.58	9.050	12	56.33	10.094
	总数	36	42.72	9.727	36	47.53	13.129
动作知识数量	外显－类比组	12	6.58	1.730	12	7.83	1.850
	类比－外显组	12	8.08	1.564	12	8.17	1.467
	同时进行组	12	6.67	1.303	12	9.92	1.564
	总数	36	7.11	1.652	36	8.64	1.839

附录十 实验四绩效数据

（一）前测绩效数据表

评价指标	组别	大学生组			初中生组		
		N	均值	标准差	N	均值	标准差
击球准确性	外显 – 类比组	12	0.3250	0.19129	12	0.2550	0.15537
	类比 – 外显组	12	0.3500	0.26285	12	0.2500	0.10954
	同时进行组	12	0.3375	0.19203	12	0.2450	0.06433
	总数	36	0.3375	0.21192	36	0.2500	0.11180
动作评分	外显 – 类比组	12	49.58	11.229	12	31.30	16.520
	类比 – 外显组	12	50.67	11.211	12	29.18	9.537
	同时进行组	12	51.08	9.529	12	28.20	13.579
	总数	36	50.44	10.396	36	29.55	13.007
动作知识数量	外显 – 类比组	12	0.00	0.000	12	0.00	0.000
	类比 – 外显组	12	0.00	0.000	12	0.00	0.000
	同时进行组	12	0.00	0.000	12	0.00	0.000
	总数	36	0.00	0.000	36	0.00	0.000

（二）保持测试绩效数据表

评价指标	组别	大学生组			初中生组		
		N	均值	标准差	N	均值	标准差
击球准确性	外显 – 类比组	12	0.7208	0.22609	12	0.3500	0.16159
	类比 – 外显组	12	0.7542	0.19124	12	0.5136	0.15015
	同时进行组	12	0.9625	0.22576	12	0.3550	0.09265
	总数	36	0.8125	0.23524	36	0.4097	0.15514
动作评分	外显 – 类比组	12	68.33	7.667	12	40.10	9.938
	类比 – 外显组	12	68.83	6.740	12	53.09	10.922
	同时进行组	12	75.67	4.271	12	41.10	10.472
	总数	36	70.94	7.071	36	45.03	11.805

（三）迁移测试绩效数据表

评价指标	组别	大学生组			初中生组		
		N	均值	标准差	N	均值	标准差
击球准确性	外显－类比组	12	0.5250	0.23789	12	0.2850	0.15284
	类比－外显组	12	0.5417	0.18320	12	0.4455	0.13314
	同时进行组	12	0.7792	0.24537	12	0.3000	0.09129
	总数	36	0.6153	0.24722	36	0.3468	0.14488
动作评分	外显－类比组	12	63.83	7.457	12	37.50	10.896
	类比－外显组	12	65.50	7.562	12	49.27	6.420
	同时进行组	12	72.75	4.864	12	38.10	10.796
	总数	36	67.36	7.635	36	41.87	10.748
动作知识数量	外显－类比组	12	6.58	2.353	12	5.70	1.494
	类比－外显组	12	7.08	1.505	12	7.36	0.924
	同时进行组	12	9.08	1.564	12	5.90	1.197
	总数	36	7.58	2.103	36	6.35	1.404

附录十一 学习经历及科研情况

1988–1990 年，本人在烟台师范学院英语系就读，1991–1994 年获烟台师范学院文学学士学位。2003–2006 年在武汉体育学院攻读应用心理学硕士学位。2008–2011 年在上海体育学院运动科学学院攻读运动人体科学博士学位，师从章建成教授。

在攻读博士学位论文期间，本人发表的学术论文以及参加的学术会议情况如下：

期刊名称	刊物名称	文章名称	个人排序
2008 年第 6 期	河北体育学院学报	专业足球训练对儿童、青少年应对方式的影响研究	第一作者
2011 年第 2 期	上海体育学院学报	网球技能学习中类比学习与外显学习协同效应的研究	第一作者
2011 年第 期	体育科学	类比学习与外显学习的不同组合方式对不同性质网球技能学习的影响——从闭锁性和开放性技能的视角	第一作者

时间	会议名称	文章名称	个人排序
2010 年 10 月 9–12 日	第 16 届亚科会	运动技能内隐与外显学习协同效应的实证研究	第一作者
2010 年 9 月 15–18 日	第九届全国运动心理学学术会议暨第二届华人运动心理学研讨会	网球技能学习中内隐学习与外显学习协同效应的研究	第一作者
2009 年 8 月 7–9 日	体育科学大会健身科学大会	武汉高校在职中、高级知识分子健康信念对体育锻炼行为的影响研究	第一作者